EINLEITUNG

In meinem ersten Band »Mythos Mappe Machen« wurde vorrangig der sehr persönliche Weg meiner Schüler während der Vorbereitungszeit im Mappenkurs transparent gemacht. Der hier vorliegende zweite Band ist in vier Abschnitte gegliedert.

Im ersten Teil werden die handwerklichen Grundlagen intensiv erklärt. Dabei werden Übungen und Materialempfehlungen gegeben, die zur Entwicklung Ihrer eigenen künstlerischen Fähigkeiten führen. Es ist von Vorteil, wenn Sie alle Übungen Schritt für Schritt absolvieren. Sowohl der kreative Prozess als auch die handwerklichen Grundlagen sind erlernbar.

Jede Form zeichnerischer Gestaltung unterliegt gewissen Regeln, die mit praktischen Übungen erarbeitet und gefestigt werden. Die handwerkliche Beherrschung der Grundlagen bildet die Basis, auf der Sie später spielen können. Dies werden einige Arbeiten meiner Schüler im zweiten Teil verdeutlichen.

Als wir die Arbeit in dem Kurs aufnahmen – also auch die Arbeit an diesem Buch – war natürlich noch nicht absehbar, ob tatsächlich alle Teilnehmer bis zum Ende durchhalten würden oder ob jemand abbrechen würde. Auch sind die Schwerpunkte je nach angestrebtem Studiengang und gewähltem Mappen-Thema unterschiedlich. So ist zu erklären, warum nicht alle Schüler zu allen Themen etwas beitragen konnten.

Dieses Buch dokumentiert zum einem »Einzelschicksale« auf dem langen und mühsamen Weg zum Designstudium. Darüber hinaus gibt es Empfehlungen für den bewussten und gezielten Einsatz erlernter Techniken, wie man die Darstellungsweise der eigenen Bildsprache abstimmt auf das Studienfach – was für ein Bild genauso wichtig ist wie die Idee.

Im zweiten Teil wird die Entwicklung von sechs meiner Schüler aus dem aktuellen Kurs dokumentiert, der inzwischen abgeschlossen ist, von der ersten Stunde im Kurs bis zum Aufnahmeverfahren: drei Studienanwärter/innen für Kommunikationsdesign, zwei für Modedesign und eine für Industriedesign. Die Erfahrungsberichte dieser Schüler, in denen sie von ihren Gedanken und Gefühlen, ihren Fortschritten und Rückschlägen während der Vorbereitungszeit im Mappenkurs berichten, sollen für die Leser auch hier wieder den sehr persönlichen Weg jedes einzelnen zu seiner Bewerbungsmappe transparent machen.

Im dritten Teil finden Sie die Erfahrungsberichte von fünf ehemaligen Schülern: einem Industriedesigner aus Weimar, einer Architektur-/Innenarchitektur-Studentin aus Düsseldorf, einer Architektur-Studentin aus Münster und zwei Kommunikationsdesignerinnen aus Münster bzw. Dortmund. Diese fünf sind schon länger im Studium und berichten in der Rückschau, wie sich der Mappenkurs bei ihnen bewährt hat. Um die Perspektive der Ehemaligen authentisch zu belassen, habe ich möglichst wenig eingegriffen und das enthaltene Lob erfreut zur Kenntnis genommen, da es mich in meinem Ansatz bei den vermittelten Inhalten des Mappenkurses bestärkt.

Die Entwicklung schreitet voran, aber die Basis bleibt. So haben Technik, Handwerk, Präsentation in diesem Band wie auch im Kurs noch mehr Wichtigkeit bekommen.

Oft fällt es Studienanwärtern schwer, das richtige Studienfach zu finden. Daher sind als Entscheidungshilfe für Sie im vierten Teil Selbsttests integriert. Anhand dieser Checklisten können Sie per Selbsteinschätzung prüfen und bewerten, ob Sie die erforderlichen Kenntnisse, Fähigkeiten, Interessen und psychischen Faktoren für diese Studienfächer besitzen. Seien Sie ehrlich mit sich selbst: Was fällt Ihnen leicht, was eher nicht?

Nun wünsche ich allen Aspiranten viel Freude beim Entdecken und Ausprobieren und viel Erfolg bei der Bewerbung.

Renata Lajewski

HANDWERKLICHE GRUNDLAGEN

- 8 Grundsätze beim Zeichnen
- 9 Die Handhaltung

- **10 Übung 1 zu Linien**
- **11 Übung 2 zu Linien**

- 12 Der goldene Schnitt
- 13 Größenverhältnisse von Format und Objekt
- 14 Verläufe

- **14 Übung 1 zum Verlauf**
- **15 Übung 2 zum Verlauf**

- 16 Kreise und Ellipsen

- **18 Übung 1 zu Kreisen und Ellipsen**
- **19 Übung 2 zu Kreisen und Ellipsen**
- **21 Übung 3 zu Kreisen und Ellipsen**

- 22 Perspektive

- **26 Übung 1 zur Perspektive**
- **27 Übung 2 zur Perspektive**

- 28 Porträtzeichnen

- **30 Übung 1 zum Porträtzeichnen**
- **32 Übung 2 zum Porträtzeichnen**
- **33 Übung 3 zum Porträtzeichnen**
- **34 Übung 4 zum Porträtzeichnen**
- **34 Übung 5 zum Porträtzeichnen**
- **35 Übung 6 zum Porträtzeichnen**
- **36 Übung 7 zum Porträtzeichnen**

MAPPENSCHÜLER

Mappenschüler stellen sich vor
- 38 Marie Theres Schlierkamp, Kommunikationsdesign
- 38 Julia Sonnenschein, Kommunikationsdesign
- 39 Mareen Spiegelhoff, Kommunikationsdesign
- 39 Laura Risch, Industriedesign
- 40 Anna Himpfen, Modedesign
- 40 Lynn Schneider, Modedesign

Grundlagen der Gestaltung
- 41 Renata Lajewski: Meine Perspektive zu den Grundlagen
- 42 Grundlegende Techniken

Mappengruppe
- 45 Renata Lajewski: Gruppendynamik und Austausch
- 46 Themenauswahl/Brainstorming
- 52 Verschiedene Werkzeuge
- 56 Gestaltungstechniken
- 57 Wahrnehmungsübungen
- 57 Kreativitätstraining
- 57 Fünf-Minuten-Skizzen
- 58 Bildanalysen
- 59 Farbenlehre

Themenarbeit
- 61 Renata Lajewski: Die Suche nach Objekten
- 62 Reale Objekte
- 63 Skizzenblock
- 70 Verschiedene Techniken
- 72 Hausaufgaben
- 73 Material- und Strukturdarstellungen
- 74 Bildaufbau
- 75 Metamorphosen
- 76 Perspektive
- 77 Werkstoff Papier
- 80 Fotografie
- 81 Alternative Drucktechniken

Präsentation der Arbeiten
82 Renata Lajewski:
    Der saubere Abschluss

83 Sauberes Aufziehen
84 Inhaltsverzeichnis
84 Dramaturgie

Abgabe und Aufnahmeverfahren
86 Renata Lajewski:
    Einige Hinweise

87 Marie Theres Schlierkamp
98 Julia Sonnenschein
103 Mareen Spiegelhoff
103 Anna Himpfen

Abschließende Worte
110 Renata Lajewski:
    Es geht weiter

111 Marie Theres Schlierkamp
111 Julia Sonnenschein
112 Laura Risch
112 Anna Himpfen
112 Lynn Schneider

EHEMALIGE SCHÜLER

Ehemalige Schüler blicken zurück
114 Janin Tyburski, Kommunikationsdesign
120 Hetty Hüllstrung, Kommunikationsdesign
129 Peter Hatz, Industriedesign
134 Barbara Beering, Architektur
141 Hannah Busskamp, Architektur/Innenarchitektur

CHECKLISTEN

Testen Sie sich selbst!
148 Kommunikationsdesign
150 Industriedesign
152 Modedesign
154 Architektur/Innenarchitektur

PORTRÄT

156 Porträt Renata Lajewski

158 Ergänzende Bücher des Verlags hellblau.

HANDWERKLICHE GRUNDLAGEN UND ÜBUNGEN

_Grundsätze beim Zeichnen
_Linien
_Der goldene Schnitt
_Größenverhältnisse von Format und Objekt
_Verläufe
_Kreise und Ellipsen
_Perspektive
_Porträtzeichnen

GRUNDSÄTZE BEIM ZEICHNEN

Wenn Sie beginnen, sollten Sie am Anfang das Ende schon im Auge haben, bei einem Detail das Ganze.

Eine Zeichnung sollte in jedem Zustand fertig wirken. Das heißt, Sie verlieren sich nicht an einer Stelle im Detail, sondern arbeiten immer das Ganze im Blick zum Verlauf hin. Schon beim Anlegen einer Zeichnung in der ersten Linie beachten Sie die Licht- und Schatten-Verhältnisse und stellen auch in der ersten Struktur weiche Verläufe dar.

In einer Schwarz-Weiß-Zeichnung, sei sie mit Filzstift, Bleistift, Zeichenfeder (Tusche), Zeichenkohle oder eintonig gearbeitet, stellen wir keine Farben dar, sondern nur Licht- und Schatten-Verhältnisse. Betrachten Sie Ihre Zeichnung deshalb während der Arbeit immer wieder von weitem. Damit Sie Abstand haben, kleben Sie sie an die Tür oder den Kleiderschrank oder legen Sie sie auf den Fußboden, stellen sich hin und betrachten Sie dann Ihre Zeichnung. Je größer das Format ist, desto mehr Abstand brauchen Sie.

Habe ich ein Korbgeflecht zu zeichnen, muss ich zunächst klären, in welcher Weise es geflochten ist, damit ich es korrekt darstellen kann. Verstehe ich die Flechttechnik nicht, so kann ich den Korb auch nicht korrekt darstellen. Unsere Wahrnehmung ist oberflächlich geworden, unsere Augen huschen nur noch über Dinge und Bilder hinweg. Wir sind überfordert von dem, was sich uns jeden Tag als Vielzahl an Bildern in Illustrierten, Filmen oder Fotos darbietet.

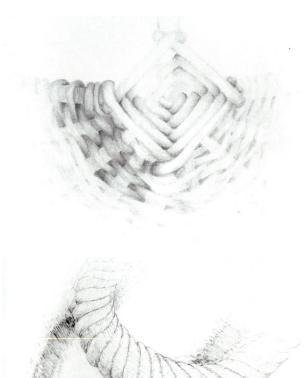

DER STABILO POINT 88

Als erstes setzen wir uns zunächst einmal grundlegend mit unserem Werkzeug auseinander. Ich beginne immer mit dem Stabilo point 88. Dies hat drei Gründe:

1. Ich nehme jedem das Sicherheitsnetz – das Radiergummi. Man kann diesen Fineliner nicht radieren. Das heißt, ich muss jede Linie bewusst setzen, ich muss mir vor einem Punkt oder Strich Gedanken machen, warum ich das tue. Neuerdings gibt es die vier Grundfarben des Stabilo point 88 auch in »erasable«, also löschbar mit dem entsprechenden Tintenkiller. Wer die jedoch benutzt, betrügt sich selbst.
2. Der Stabilo hat eine Mine. Drücke ich zu sehr, verschwindet diese Mine. Sie kennen sicherlich alle die speckigen, glänzenden Bleistiftzeichnungen, die man nur erkennt, indem man seinen Kopf nach rechts oder links dreht. Wer dagegen mit dem Stabilo lernt, zarte und dunkle Linien oder Flächen ohne Druck zu setzen, hat gewonnen. Wer diesen Filzstift meistert, hat nachher mit dem Bleistift keine Probleme.
3. Sich grundsätzlich mit seinem Werkzeug auseinanderzusetzen, hilft seine Vor- und Nachteile kennenzulernen. HB-Bleistift ist nicht gleich HB-Bleistift: Gleiche Härte, Marke und Typ garantieren noch lange nicht den gleichen Auftrag. Jeder Stift kann ein wenig mehr kratzen oder weicher sein. Ein frischer Filzstift hat einen kräftigeren Strich als ein trockener.

Wenn Sie ein Objekt vor sich aufstellen, schauen Sie sich dieses Motiv zuerst genau an, als ob Sie es noch nie vorher gesehen hätten. Untersuchen Sie es auf Schatten-Verhältnisse, dann sehen Sie, welches Format Sie wählen müssen: Hoch- oder Quer-Format. Überlegen Sie auch, ob Sie Ihr Objekt rechts oder links, weiter oben oder unten platzieren müssen. Mit den Informationen über Hell und Dunkel können Sie Ihr Objekt platzieren. Zwei Flächen grenzen sich nicht durch eine schwarze Trennungslinie oder eine weiße Aussparung voneinander ab, sondern dadurch, dass die eine Fläche dunkler und die andere heller ist.

Für eine dreidimensionale runde Form zeichne ich keine geraden – seien es senkrechte, waagerechte oder diagonale – sondern nur gekrümmte Linien, um die Form zu ertasten.

DIE HANDHALTUNG

Eine wichtige Voraussetzung fürs Zeichnen ist Ihre Kontrolle über Ihre Hand.

Alle meine Schüler oder Teilnehmer nehmen zunächst den Stift in die Hand, um große Kreise zu zeichnen. Das ist der erste Punkt, wo ich sehen kann, wie jeder einzelne seinen Stift hält. Beobachten Sie sich selbst: Wie halten Sie den Stift? Die meisten halten den Stift in der Schreibhaltung vorne sehr kurz und üben Druck mit dem Zeigefinger oder Mittelfinger aus. Dies führt zu Verkrampfungen und Sehnenscheidenentzündungen.

Fassen Sie den Stift weiter oben, so dass Sie mehr Freiraum haben und eine größere Linienführung ausüben können. Wenn Sie Kreise ziehen, begrenzen Sie die Bewegung nicht auf den Radius ihres Handgelenks, sondern erweitern Sie diesen mit der Bewegung der Schulter. Aber Vorsicht: Arbeiten Sie nicht nur aus der Schulter – das führt wiederum zu Nacken-Verspannungen.

FALSCH — Knicken Sie bitte den Finger nicht durch.

RICHTIG — Fassen Sie den Stift weiter oben an und lassen Sie locker.

RICHTIG — Wichtig ist, dass Sie unverkrampft und beweglich bleiben.

ANSCHAFFUNG

ZEICHENBRETT

Schaffen Sie sich eine 70 x 50 cm große unbeschichtete Sperrholzplatte als Zeichenbrett an. Die kann Sie dann durch den gesamten Mappenaufbau begleiten und unterschiedlichen Einsatz finden.

Man kann das Brett als Zeichenfläche entweder schräg an die Tischkante gelehnt auf den Knien halten oder es schräg ansteigend auf den Tisch legen. Ihr Blick sollte möglichst senkrecht auf das Blatt fallen, damit Sie den Überblick behalten.

EMPFEHLUNG

SKIZZENBUCH

Ich empfehle ein kleines Skizzenbuch 20 x 20 cm. Es ist handlicher als das Skizzenbuch 30 x 30 cm, das Sie später mit der Mappe einreichen, und kann Sie in den nächsten Wochen überall hin begleiten – sei es bei einer Fahrt im Bus, beim Frühstück oder sogar in der Disco. Setzen Sie sich hin und machen Sie die folgenden Übungen immer wieder zwischendurch.

So trainieren Sie nicht nur die Sicherheit Ihrer Hand und bekommen Kontrolle über Ihr Tun, sondern perfektionieren auch das Zusammenspiel von Auge und Hand. Wenn Sie Ihre Hand nicht kontrolliert einsetzen können, nutzt Ihnen das gesamte theoretische Wissen über die Grundlagen und das Zeichnen nichts.

Reißen Sie nie Ihre »misslungenen« Werke aus Ihrem Skizzenbuch heraus. Sie dienen Ihrer Kontrolle und Entwicklung, sie dokumentieren Ihren eigenen Weg zur Umsetzung.

ÜBUNG 1 ZU LINIEN

WICHTIG FÜR ALLE KÜNSTLERISCHEN STUDIENGÄNGE: DAS ZEICHNEN VON GERADEN LINIEN

MATERIAL:
- Skizzenbuch
- Stabilo point 88
- Bleistift HB

Zeichnen Sie zunächst senkrechte Linien. Fixieren Sie hierzu den linken Rand ihres Skizzenbuches, wenn Sie Rechtshänder sind, oder den rechten Rand, falls Sie Linkshänder sind.

Die Augen und die Hand sollten dabei immer an der gleichen Stelle sein. Fahren Sie mit Ihrem Blick den Skizzenbuchrand ab und führen Sie Ihre Hand mit dem Stabilo im gleichen Tempo. Üben, üben, üben! – Klingt banal, aber es hilft.

Das gleiche üben Sie mit waagerechten und diagonalen Linien. Kombinieren Sie dann die senkrechten mit waagerechten und schließlich diagonalen Linien. Probieren Sie diese Übung später auch mit dem HB-Bleistift. Lassen Sie sich nicht entmutigen, wenn Ihre ersten Versuche misslingen sollten. Sie werden mit jedem weiterem Versuch sicherer.

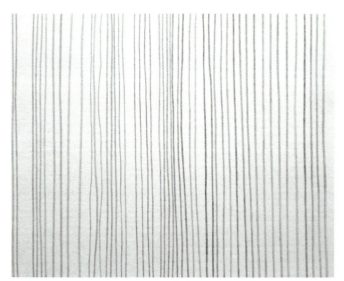

Zeichnen Sie von oben nach unten und fixieren Sie hierbei den seitlichen Rand des Skizzenbuches.

Zeichnen Sie von links nach rechts und fixieren Sie hierbei den oberen Rand des Skizzenbuches. Die Linien laufen hier nicht mehr parallel zur Blattkante.

Nun üben Sie diagonale Linien.

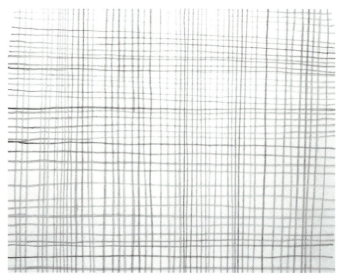

Kombinieren Sie erst zwei, dann alle drei Richtungen.

ÜBUNG 2 ZU LINIEN

WICHTIG FÜR OBJEKT-, PRODUKT- UND INDUSTRIE-DESIGNER: DAS AUFSCHWELLEN UND ABSCHWELLEN VON LINIEN

MATERIAL:
- Skizzenbuch
- Stabilo point 88
- Bleistift HB

Dies ist eine Vorbereitung oder Übung für Outline-Zeichnungen. Ziehen Sie auch hier im Skizzenbuch senkrechte, waagerechte und diagonale Linien. Üben Sie, während Sie eine Linie ziehen, unterschiedlichen Druck auf Ihren Stift aus: Langsam auf- und abschwellen lassen, den Druck nicht ruckartig oder abrupt ändern! Anschließend probieren Sie das Auf- und Abschwellen der Linie im Halbkreis und im Kreis. Mit etwas Geduld werden Sie ausreichend Sicherheit im Zeichnen erlangen.

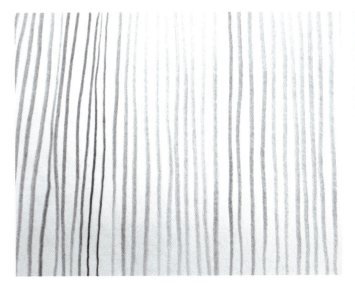
Zeichnen Sie von oben nach unten, schwellen Sie die Linien gleichmäßig auf und ab.

Zeichnen Sie Linien von links nach rechts und schwellen Sie sie ebenfalls gleichmäßig auf und ab. Die Linien laufen hier nicht mehr parallel zur Blattkante.

Versuchen Sie sie im Halbkreis auf und ab zu schwellen und verbinden die Halbkreise zu Wellenlinien.

Nun versuchen Sie es im Kreis.

DER GOLDENE SCHNITT

Hier geht es um Proportionen, in unserem Fall die optimale visuelle Blattaufteilung.

Nach dem goldenen Schnitt sollte man ein Objekt niemals mittig positionieren, da das langweilig wirkt. Also: aus der Mitte herausrücken! Zunächst bedeutet das für uns: Den Gegenstand ein wenig nach rechts oder links rücken. Der Schatten gibt uns hierzu weitere Hinweise.

Er gibt uns drei Informationen:

1. DIE PLATZIERUNG AUF DEM FORMAT

Fällt der Schatten nach rechts, platziere ich mein Objekt weiter nach links, damit es mit seinem Schatten Raum hat. Fällt der Schatten nach links, platziere ich das Objekt weiter nach rechts.

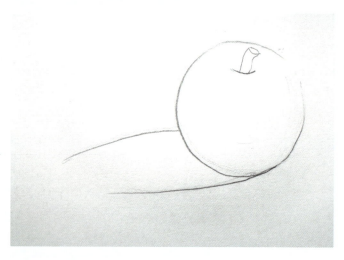

2. LICHT- UND SCHATTEN-VERHÄLTNISSE

Der Schatten gibt mir die Information über die Lichtquelle. Die Lichtquelle steht immer dem Schatten genau gegenüber. So weiß ich, wo mein Objekt hell und wo es dunkel ist.

In einer Schwarz-Weiß-Zeichnung, ob diese nun mit Filzer, Zeichenkohle, Bleistift, Tusche oder auch eintonig gearbeitet ist (also z. B. alles in Rot oder Grün), stelle ich niemals Farben oder Tonwerte dar, sondern nur Licht- und Schatten-Verhältnisse.

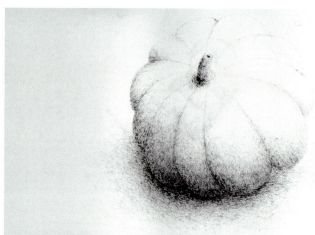

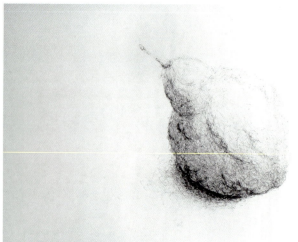

3. DIE FORMATWAHL

Hier wäre ein Hochformat besser gewesen.

Die dritte Information, die uns der Schatten gibt, ist die Entscheidung für das geeignetste Format. Hier sollte man nichts dem Zufall überlassen. Fällt der Schatten eher nach rechts oder links, wähle ich das Querformat. Fällt der Schatten eher nach vorne oder hinten, wähle ich das Hochformat.

Nun stellt sich die Frage: Was tun Sie z. B. bei der Darstellung einer langen Flasche, deren Schatten extrem nach rechts oder links fällt? Welches Format würden Sie nun wählen?

Dies entscheiden nur Sie selbst. Ist Ihnen das Objekt wichtig – was anzunehmen ist – so wählen Sie das Hochformat und deuten den Schatten nur ein wenig an, so dass er dem Objekt, in unserem Beispiel der Flasche, lediglich Halt gibt. Ich würde den Schatten deutlich kürzen.

Ist Ihnen der Schatten wichtig, da vielleicht Ihr Thema für die Mappe »Licht und Schatten« heißt, so geben Sie dem Schatten Vorrang und wählen das Querformat. In diesem Beispiel sind Sie es als Zeichner, der eine Entscheidung über Objekt oder Schatten fällen muss.

Sie werden beim Zeichnen viele Entscheidungen treffen müssen. Dies ist das eigentlich Schwierige. Alles andere ist pure Übung. Prioritäten zu setzen und zu erkennen, ob und wann etwas in seiner Darstellung gerade wichtig ist, das ist eine Sache der Erfahrung. Das bedeutet, je besser Sie sich mit Techniken und Ihrem Werkzeug mit seinen Vorzügen oder Nachteilen vertraut machen, desto mehr profitieren Sie daraus. Diese Erfahrung wird Ihnen keiner mehr nehmen können.

Der Mappenaufbau ist eine wunderbare Auseinandersetzung mit dem Werkzeug, den Techniken, aber auch mit sich selbst. Dies werden Sie so im Studium nicht mehr lernen: Sie erweitern dort zwar Ihr Wissen, sollten aber möglichst viel Erfahrung mitbringen.

GRÖSSENVERHÄLTNISSE VON FORMAT UND OBJEKT

Ein Anfängerfehler ist es, Objekte in Originalgröße darzustellen unabhängig von der Formatgröße.

Wenn Sie einen Apfel in Originalgröße auf einem Format von 3 x 4 m zeichnen, werden Sie feststellen, dass er visuell wie ein Stecknadelkopf wirkt und nicht wie ein Apfel. Wenn Sie dagegen draußen einen wunderschönen Kirchturm erblicken, wie groß müsste Ihr Format sein um ihn darzustellen?

Die Antwort lautet: Nicht das Objekt gibt die Größe vor, sondern das gewählte Format.

Das heißt, die Größe meines Formates bestimmt, wie groß ich mein Objekt darstellen darf. Bei einem DIN-A3- oder DIN-A2-Format werde ich den Apfel vergrößern und den Kirchturm verkleinern müssen.

Kunstraum-Offenes Atelier Freiburg im Breisgau

Im Kunstraum - Offenes Atelier können Sie speziell für einen Studiengang eine Mappe erarbeiten, die den heutigen Anforderungen entspricht. Aufbau und Inhalt orientieren sich am angestrebten Studiengang.
Entsprechend von Talent, Vorkenntnissen und Vorstellungen erarbeiten wir gemeinsam eine Mappe.

Der Mappenkurs dient auch als Orientierungs- und Entscheidungshilfe, ob neben dem Wunsch des angestrebten Studienziels auch die Begabung und der gewählte Studiengang das richtige ist!

79100 Freiburg - Baslerstrasse 11 - phone 0761/74835
babuechel@web.de - www.atelier-kunstraum.de

VERLÄUFE

Auch mit dem Stabilo point 88 sollte ich in der Lage sein zarte, weiche Verläufe zu zeichnen. Das verlangt ein wenig Geduld und Übung.

Es gibt drei Elemente, die Sie beachten müssen, wenn Sie Verläufe zeichnen.

1. DICHTE

Im dunklen Bereich sind die Linien dichter als im hellen Bereich.

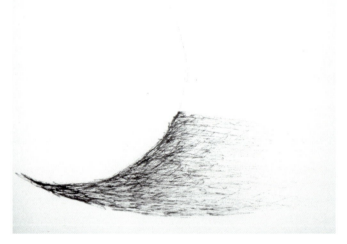

2. LINIENSTÄRKE

Die Linien sind im dunklen Bereich stärker als im hellen Bereich.

3. STRUKTURÄNDERUNG

Im hellen Bereich verändert sich die Struktur, reißt ab und reduziert sich, es ist nur noch eine Erinnerung an die ursprüngliche Struktur gegeben, wogegen die Struktur im dunklen Bereich erhalten bleibt.

Alle drei Faktoren müssen gleichzeitig beachtet werden. Fehlt einer, bekommen Sie keinen gleichmäßigen Verlauf von Schwarz nach Weiß.

Und noch ein Hinweis: Bieten Sie niemals angeordnete Endpunkte an. Das Auge verbindet diese zu einer Linie. Dadurch bewirken Sie eine Abgrenzung und keinen Verlauf.

ÜBUNG 1 ZUM VERLAUF

WICHTIG FÜR ALLE KÜNSTLERISCHEN STUDIENGÄNGE: DAS ZEICHNEN VON WEICHEN VERLÄUFEN

MATERIAL:
- Skizzenbuch
- Stabilo point 88
- Bleistift HB

Zeichnen Sie ohne abzusetzen eine Rosette gegen den Uhrzeigersinn. Konzentrieren Sie sich nicht auf das, was Ihre Hand macht, sondern schauen Sie sich im Raum um und lernen Sie sich selbst zu vertrauen.

Vor Ihrem geistigen Auge haben Sie die Rosette vor sich. Drücken und verkrampfen Sie nicht.

ÜBUNG 2 ZUM VERLAUF

WICHTIG FÜR ALLE KÜNSTLERISCHEN STUDIENGÄNGE: DAS ZEICHNEN VON WEICHEN VERLÄUFEN IN EINER FORM

MATERIAL:
- Skizzenbuch
- Stabilo point 88
- Bleistift HB

Zeichnen Sie zunächst einen Kreis locker aus dem Handgelenk. Achten Sie jetzt schon darauf, wo die Lichtquelle sein soll. An dieser Stelle ist Ihre Linie heller. Nun füllen Sie diesen Kreis mit einer beliebigen Struktur von Dunkel nach Hell ohne Ihr Werkzeug abzusetzen.

KREISE UND ELLIPSEN

Wir gehen weiter zu den runden Formen. Nehmen Sie ein Glas, eine Tasse oder eine Konservenbüchse zur Hand. Wenn Sie ganz genau von oben draufsehen, ist das Objekt rund. Je weiter von der Seite Sie das Objekt betrachten, umso mehr wird sich die Öffnung so wie auf den Abbildungen unten verändern.

Die Öffnung ist kreisförmig, erscheint aber von vielen Blickpunkten aus betrachtet elliptisch. Eine Ellipse ist ein Kreis in Perspektive.

Sie zeichnen nun ein Quadrat. Platzieren Sie einen Kreis hinein.

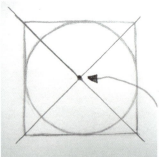
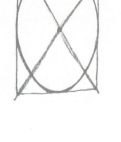

Der Kreismittelpunkt ist gleichzeitig die Mitte des Quadrates.

Wenn wir dieses Quadrat jetzt ein wenig von uns wegdrehen, erscheint es in Perspektive. Seine Kanten weisen auf einen fernen Fluchtpunkt hin. Der Kreis ist zur Ellipse geworden. Wenn wir dann die Diagonalen einzeichnen, sehen wir die perspektivische Mitte der Ellipse.

ANZEIGE

TALENTEN MIT GRIPS BIETEN WIR EIN GEWICHTIGES FUNDAMENT FÜR GUTES GRAFIK DESIGN

ALSTERDAMM
DIE SCHULE FÜR GRAFIK DESIGN

Den Kreativnachwuchs bilden wir seit Jahrzehnten umfassend und zeitgemäß aus. Auch deshalb spielen unsere Absolventen in der obersten Liga der Werbe- und Designagenturen. Die Alsterdamm-Ausbildung dauert sieben Semester und orientiert sich immer direkt am Job. Die 1946 gegründete Schule ist staatlich anerkannt und BAföG-förderungswürdig.

Feldstraße 66 / Medienbunker
20359 Hamburg · Fon (0 40) 32 71 80
WWW.ALSTERDAMM.DE

KREISE UND ELLIPSEN | **HANDWERKLICHE GRUNDLAGEN** 17

FALSCH

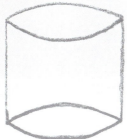

Keine Spitze bilden!

FALSCH

Rundungen/Ellipsen müssen ungefähr gleich groß sein.

FALSCH

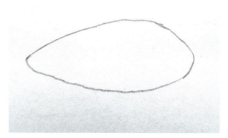

Sie können Ellipsen auf viele Arten zeichnen. Achten Sie darauf, dass eine Ellipse eine gleichmäßig geformte Kurve hat. Sie ist nicht an einem Ende dicker als am anderen.

RICHTIG

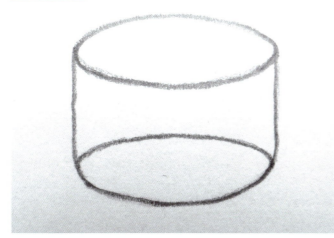

Rundungen/Ellipsen müssen ungefähr gleich groß sein.

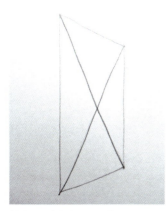

Oft ist es einfacher, mit einem Quadrat zu beginnen, in das die perspektivische Mitte eingezeichnet ist.

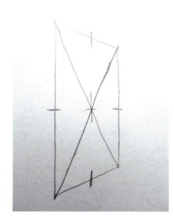

Markieren Sie auch die perspektivische Mitte jeder Seite des Quadrats.

ANZEIGE

Kunst braucht nicht viel.
Nur das Richtige.

- Mehr als 26.000 Artikel zu dauerhaft günstigen Preisen
- Bestellservice im Online-Shop
- Über 1.600 Seiten starker Katalog
- 34 Niederlassungen als Treffpunkt für Künstler
- Workshops, Vorführungen und Veranstaltungen

ÜBUNG 1 ZU KREISEN UND ELLIPSEN

WICHTIG FÜR ALLE KÜNSTLERISCHEN STUDIENGÄNGE: DAS ZEICHNEN VON GEKRÜMMTEN LINIEN UND KREISEN

MATERIAL:
- Skizzenbuch
- Stabilo point 88
- Bleistift HB

Hier einige Lockerungsübungen. Spielen Sie mit Bögen, Ellipsen und Halbkreisen.

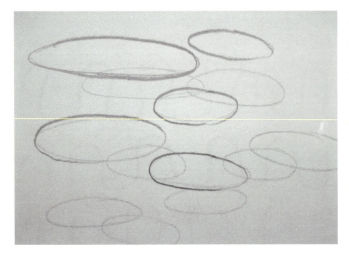
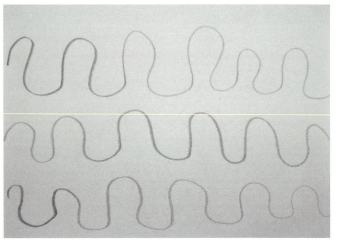

ÜBUNG 2 ZU KREISEN UND ELLIPSEN

WICHTIG FÜR ALLE KÜNSTLERISCHEN STUDIENGÄNGE: DAS ZEICHNEN VON GEKRÜMMTEN LINIEN UND KREISEN

MATERIAL:
- Skizzenbuch
- Stabilo point 88
- Bleistift HB

Üben Sie zunächst geschwungene Linien, Kreise und Spiralen. Nachfolgend einige Anregungen zum Üben von geschwungenen Linien – auch Wellenlinien.

Zeichnen Sie Kreisbögen.

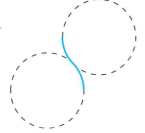

Zeichnen Sie dann zunächst ein Quadrat. Kreise lassen sich leichter in einem Quadrat konstruieren. Die Kreislinie berührt jede Seite des Quadrates genau in der Seitenmitte in einem Punkt.

Beginnen Sie mit dem Zeichnen von einem Halbkreis, den sie dann zum ganzen Kreis vervollständigen. Zeichnen Sie auf diese Weise Kreise in verschiedenen Größen.

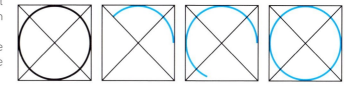

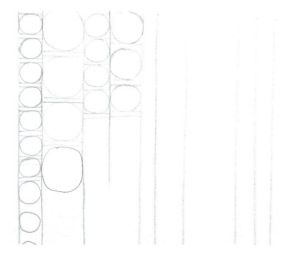

Der Schwierigkeitsgrad nimmt zu.

FORTSETZUNG DER ÜBUNG 2 AUF DER NÄCHSTEN SEITE

Vom Kreis zur Spirale

Führen Sie den Stift locker, ohne die Hand zu verkrampfen. Legen Sie den Unterarm auf und kreisen Sie mit dem Handgelenk die Spiralen zuerst im Uhrzeigersinn, dann entgegengesetzt.

Beginnen Sie mal von der Mitte her und mal von außen. Wechseln Sie mehrmals die Richtung. Stellen Sie sich jeweils die zu zeichnende Spirale vor Ihrem geistigen Auge vor, bevor Sie sie zu Papier bringen.

Zeichnen Sie nun Spiralen mit einem verschobenen Mittelpunkt, mal von außen, mal von innen.

Sie werden immer besser werden.

ANZEIGE

werkbund werkstatt nürnberg

gestalten · handeln · sehen lernen

Das Werkstattjahr der Werkbund Werkstatt
1 Jahr September bis Juli
Gestaltung
Theorie . Praxis
Handwerk . Kunst . Design
Holz . Glas . Metall . Textil . Theater . Designtheorie . Kommunikation . Kunstgeschichte . Kunsttheorie . Perspektivischem Zeichnen . Entwurf und Modellbau.

Die Arbeit der WWN ist auch im 25. Werkstattjahr eine wichtige Ergänzung zum bestehenden Schulsystem. Gerade heute bietet das Vorstudienjahr der Werkbund Werkstatt eine wichtige Orientierungshilfe für junge Menschen, die am Anfang ihrer beruflichen Entscheidung stehen.

Das Vorstudienjahr befähigt die Teilnehmer selbstbewusst Entscheidungen für ihre Zukunft zu treffen. Durch das Vorstudien- und Orientierungsjahr werden nicht zuletzt spätere Studienabbrüche vermieden. Was laut der aktuellen Statistiken des OSCD Berichtes ein ernstzunehmendes Problem ist.

Werkbund Werkstatt Nürnberg gGmbH
Königstraße 93
90402 Nürnberg

Fon/Fax 0911-22 26 23
info@werkbund-werkstatt.de
www.werkbund-werkstatt.de

Das Basisjahr und Orientierungsjahr im gestalterisch-handwerklichen Bereich. Als Vorpraktikum und Vorbereitung für die Hochschule.

ÜBUNG 3 ZU KREISEN UND ELLIPSEN

WICHTIG FÜR ALLE KÜNSTLERISCHEN STUDIENGÄNGE: DAS ZEICHNEN VON GEKRÜMMTEN LINIEN UND KREISEN

**WICHTIG FÜR OBJEKT-, PRODUKT- UND INDUSTRIE-DESIGN SOWIE INNENARCHITEKTUR UND ARCHITEKTUR:
DAS ZEICHNEN VON KÖRPERN MIT RUNDUNGEN**

MATERIAL:
- Skizzenbuch
- Stabilo point 88
- Bleistift HB

Zeichnen Sie zunächst eine Mittelachse parallel zum senkrechten Bildrand. Dann eine Waagerechte jeweils parallel zum unteren und oberen Bildrand. Zeichnen Sie in gleichen Abständen Ihre Ellipsen. So konstruieren Sie Flaschen, Gläser, Gefäße oder Lampen.

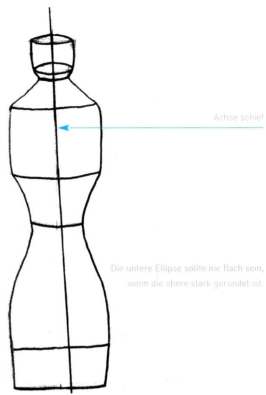

Achse schief

Die untere Ellipse sollte nie flach sein, wenn die obere stark gerundet ist.

Zeichnen Sie zur Übung verschiedene Objekte wie Telefonkabel, Töpfe, Pfannen, Fässer.

PERSPEKTIVE

Zunächst müssen ein paar Begriffe erklärt werden.

WAS IST EIN FLUCHTPUNKT?

Der Fluchtpunkt ist der Punkt, in dem sich mindestens zwei Linien treffen.

WAS IST DER HORIZONT?

Der Horizont, auch Horizontale, Augenhöhe, Augenlinie oder Sichtlinie genannt, ist genau das: die tatsächliche Augenhöhe im Verhältnis zum Objekt.

HAT DER FLUCHTPUNKT EINE VERBINDUNG ZUM HORIZONT?

Ja, die Fluchtpunkte liegen fast immer auf Augenhöhe.

WO IST DER HORIZONT, WENN DER BETRACHTER UNTER EINEM OBJEKT STEHT/SITZT/LIEGT?

Unter dem Objekt, da sich dort die Augenhöhe des Betrachters befindet.

Wo liegen dann die Fluchtpunkte: über dem Objekt oder unterhalb des Objektes?

Natürlich unterhalb des Objektes, da sie ja auf dem Horizont, der Augenlinie liegen.

WO IST DER HORIZONT, WENN DER BETRACHTER ÜBER EINEM OBJEKT STEHT/SITZT/SCHWEBT?

Über dem Objekt, da sich die Augenhöhe des Betrachters nun dort befindet.

Wo liegen dann die Fluchtpunkte: über oder unter dem Objekt?

Natürlich über dem Objekt, auf dem Horizont.

Wir wissen also, dass der Horizont, die Horizontale, Augenhöhe, Augenlinie oder Sichtlinie vom Betrachter abhängig ist. Wenn wir nun drei unterschiedlich große Menschen auf dasselbe Objekt schauen lassen, haben alle drei einen anderen Horizont, da die Augenhöhe der drei Personen unterschiedlich ist.

WIE VIELE FLUCHTPUNKTE KANN EIN QUADER HABEN?

EINEN FLUCHTPUNKT

Er kann einen haben, und zwar, wenn der Betrachter eine oder zwei Seiten des Quaders sieht.

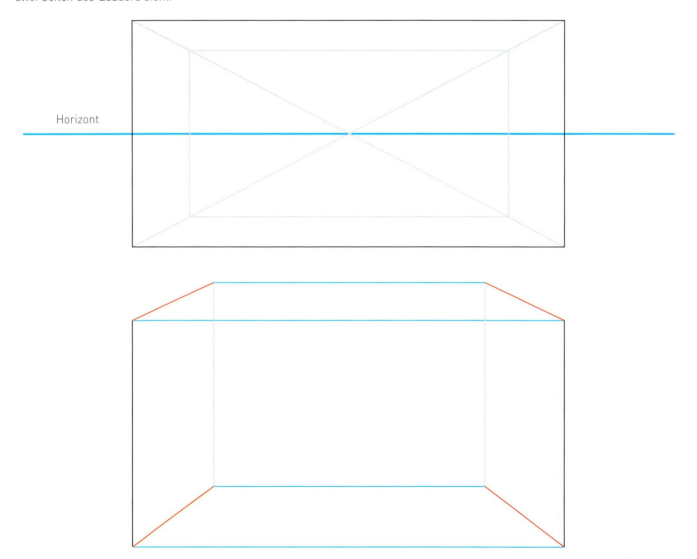

Voraussetzung dafür ist, dass der Quader flach auf einer Ebene liegt. So sind die langen waagerechten Linien parallel zueinander, parallel zur waagerechten Blattkante und parallel zum Horizont.
 Die Senkrechten sind parallel zueinander und parallel zu den seitlichen Blattkanten.

Nur die kurzen Linien, die vom Betrachter wegführen, vereinen sich in der Verlängerung in einem einzigen Punkt – dem Fluchtpunkt auf der Augenhöhe des Betrachters, dem Horizont.

PERSPEKTIVE

ZWEI FLUCHTPUNKTE

Er kann auch zwei Fluchtpunkte haben. Voraussetzung hierzu ist, dass der Quader flach auf einer Ebene liegt, dem Betrachter eine Kante am nächsten ist, und er drei Flächen wahrnimmt.

Die Senkrechten haben keinen Fluchtpunkt, sie sind parallel zueinander und parallel zu den seitlichen Bildkanten. Die langen Seiten, die vom Betrachter wegführen, bilden in der Verlängerung den einen Fluchtpunkt auf der Augenhöhe des Betrachters, dem Horizont. Die kurzen Linien, die vom Betrachter wegführen, bilden in der Verlängerung den zweiten Fluchtpunkt auf dem gleichen Horizont.

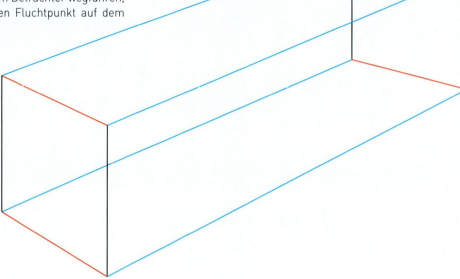

DREI FLUCHTPUNKTE

Er kann sogar drei Fluchtpunkte haben, wenn zu den Voraussetzungen wie beim Quader mit zwei Fluchtpunkten eine weitere hinzukommt, etwa dass der Quader nicht mehr flach auf einer Ebene liegt, sondern auf einem Eckpunkt oder einer Kante steht. So haben die ehemals parallelen Senkrechten nun auch einen Fluchtpunkt miteinander. Wie bei einer Kiste, deren Deckel geöffnet ist.

Ein anderes Beispiel ist die Frosch- oder Vogelperspektive, besonders anschaulich bei Wolkenkratzern, wo der dritte Fluchtpunkt oberhalb bzw. unterhalb des Gebäudes liegt. ∎

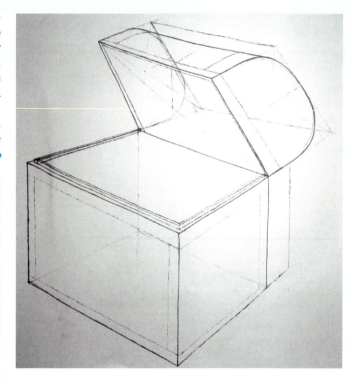

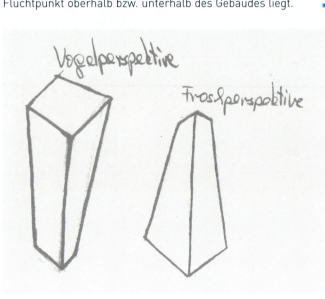

PERSPEKTIVE | **HANDWERKLICHE GRUNDLAGEN** 25

DAS SEHEN IN GRUNDKÖRPERN

Wenn Sie Objekte wahrnehmen, ist es hilfreich, diese in Grundkörpern zu sehen.

Es braucht ein wenig Übung, denn es ist natürlich wichtig, dass Sie die Grundkörper perspektivisch richtig zeichnen.

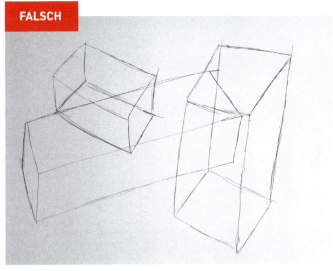

Die Senkrechten sind nicht parallel zu den senkrechten Bildkanten.

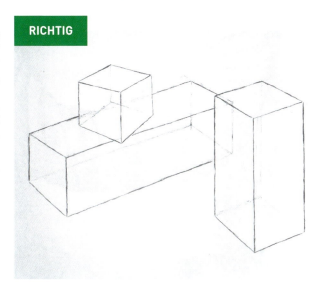

HÄUFIGE FEHLER SIND:

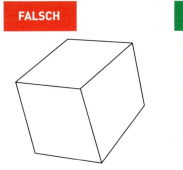

Die Senkrechten sind krumm.

Das führt zu solchen Ergebnissen: Man hat den Eindruck, das Objekt fliegt und ist verzogen.

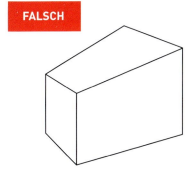

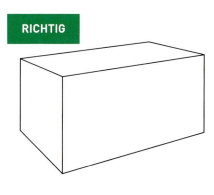

Die langen Linien bilden einen Fluchtpunkt vorn statt hinten, obwohl sich die Augenhöhe des Betrachters offensichtlich über dem Objekt befindet.

Die kurzen Linien bilden einen Fluchtpunkt vorn statt hinten, obwohl sich die Augenhöhe des Betrachters offensichtlich über dem Objekt befindet.

ÜBUNG 1 ZUR PERSPEKTIVE

WICHTIG FÜR ALLE KÜNSTLERISCHEN STUDIENGÄNGE: DAS ZEICHNEN VON PERSPEKTIVEN

MATERIAL:
- Skizzenbuch
- Stabilo point 88
- Bleistift HB

Zeichnen Sie verschiedene Bausteine. Wenn Sie mögen, verwenden Sie die gezeigten Beispiele als Hilfe. Entwerfen Sie nach Belieben weitere Bauklotzstapel.

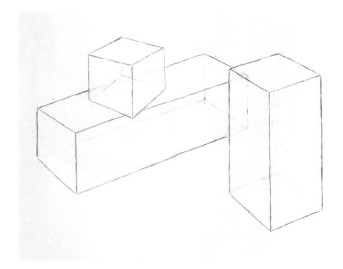
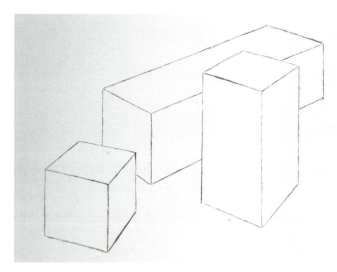
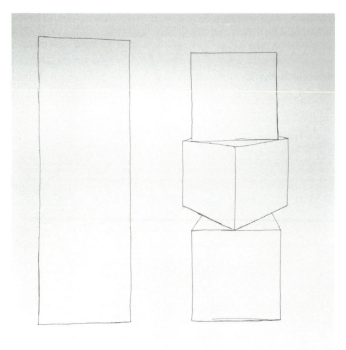

ÜBUNG 2 ZUR PERSPEKTIVE

WICHTIG FÜR ALLE KÜNSTLERISCHEN STUDIENGÄNGE: DAS ZEICHNEN VON PERSPEKTIVEN

MATERIAL:
- Skizzenbuch
- Stabilo point 88
- Bleistift HB

Zeichnen Sie Stühle aus verschiedenen Perspektiven. Vergessen Sie hierbei nicht die Grundformen. Setzen Sie verschiedene Schwerpunkte.

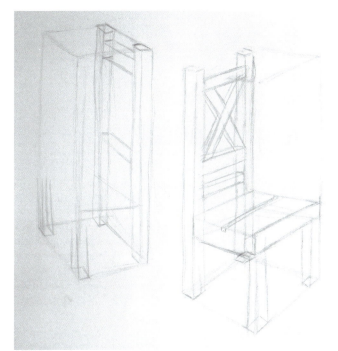

PORTRÄTZEICHNEN

Für Kunst auf Lehramt und Modedesign

Der Kopf des Menschen ist eiförmig. Wir können den Kopf in zwei symmetrische Hälften teilen mit einer senkrechten Achse. Mit einer waagerechten können wir den Kopf in zwei gleich hohe Teile teilen.

Das Gesicht ist in drei gleich große Regionen aufgeteilt:
_Haaransatz bis Augenbrauen
_Augenbrauen bis Nasenspitze
_Nasenspitze bis Kinn

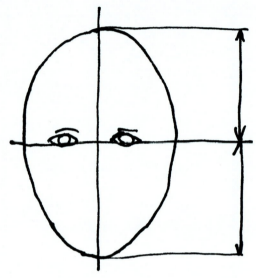

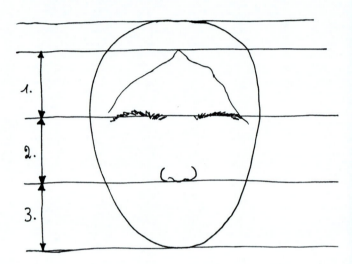

Die Augen liegen auf der Mitte der senkrechten Achse.

Der Abstand zwischen den inneren Augenwinkeln entspricht der Breite der Nase.

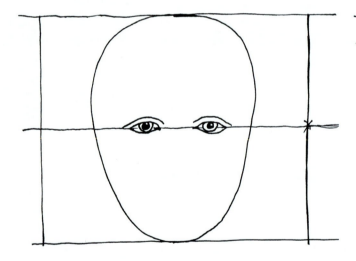

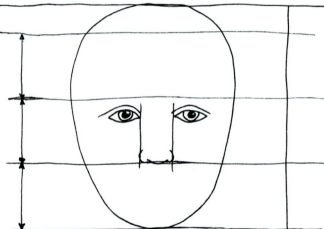

Ein drittes Auge passt zwischen die beiden Augen, d. h. der Abstand zwischen den Augen entspricht der Breite eines Auges.

Die Ohren liegen zwischen den Augenbrauen und der Nasenspitze.

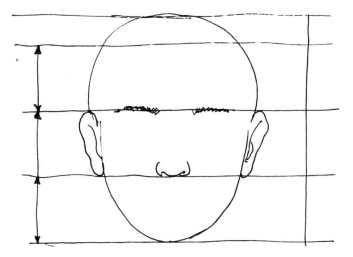

Die Mundwinkel enden auf der Höhe der Pupillenmitten.

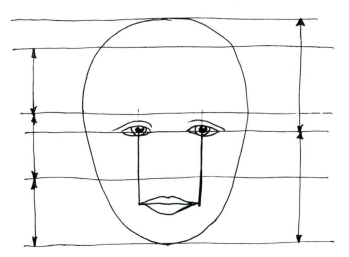

WIR ZEIGEN:
Privatzimmer in Georgiens Szenequartieren, Übernachtung im amerikanischen Maxi-Hund, provencalischer Wohn- und Sammlungsluxus mit fünf Sternen oder Leben im Kunstschloss an Mecklenburgs Ostseeküste.

SIE DENKEN:
Das klingt nach Abenteuer. Dann ist »In Bed With Art« der ideale Urlaubsplaner und Reiseführer für Sie.

NA DANN:
Entdecken Sie 100 Gastgeber und ihre Unterkünfte. Schwelgen Sie in immer neuen Anregungen für ein schräges Wochenende, einen prallen Sommerurlaub, für eine Reise, die sicher ungewöhnlich werden kann. Alle vorgestellten Quartiere sind reich bebildert und individuell kommentiert. Sie finden weltweit einzigartige Unterkünfte für jeden Geschmack und Geldbeutel. Alle sind eng mit Kunst, Design und Künstlern verbunden. Hier sind Kunst und Design nicht einfach schöne Dekoration, sondern Ausdruck des Lebenskonzepts Ihrer Gastgeber. Der anregende und informative Reiseführer der besonderen Art freut sich auf Sie.

www.in-bed-with-art.com

ÜBUNG 1 ZUM PORTRÄTZEICHNEN

WICHTIG FÜR MODEDESIGN UND KUNST AUF LEHRAMT: DREHUNG DES KOPFES UM DIE QUERACHSE

MATERIAL:
- Hühnerei (hartgekocht)
- Skizzenbuch
- Bleistift HB

Nehmen Sie zunächst ein Ei und ziehen Sie eine vertikale und eine horizontale Linie. Dann zeichnen Sie Augen auf die horizontale Linie, und zwar mit einem solchen Abstand, dass ein drittes Auge dazwischen passt. Setzen Sie Nase, Ohren und Mund aus Knete drauf.

Durch Hin-und-Her-Bewegen des Eis verschieben sich jeweils die Abstände zwischen den Augen, Nase und Mund. Testen Sie selbst. Auch die Achsen verschieben sich und werden zu Ellipsen.

Drehen Sie nun das Ei in verschiedene Positionen – hier einige Beispiele. Versuchen Sie diese wie gezeigt umzusetzen.

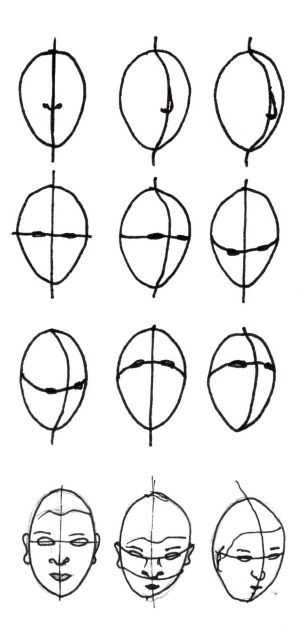

Intensivkurs?
www.studienvorbereitung.info

ÜBUNG 1 ZUM PORTRÄTZEICHNEN | **HANDWERKLICHE GRUNDLAGEN**

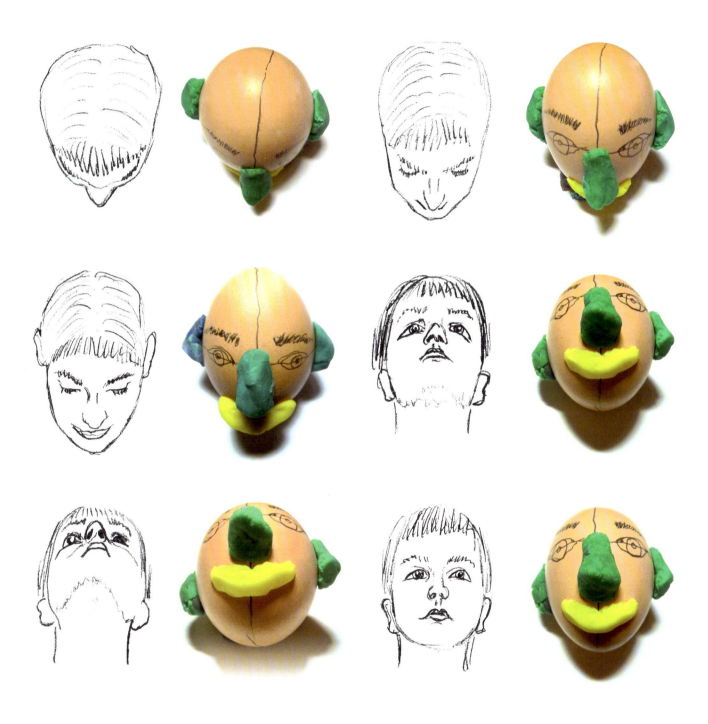

ÜBUNG 2 ZUM PORTRÄTZEICHNEN

WICHTIG FÜR MODEDESIGN UND KUNST AUF LEHRAMT: DREHUNG DES KOPFES UM DIE RAUMACHSE

MATERIAL:
- Hühnerei (hartgekocht) aus Übung 1
- Skizzenbuch
- Bleistift HB

Drehen Sie nun das Ei in verschiedene Positionen – hier einige Beispiele. Versuchen Sie diese wie gezeigt umzusetzen.

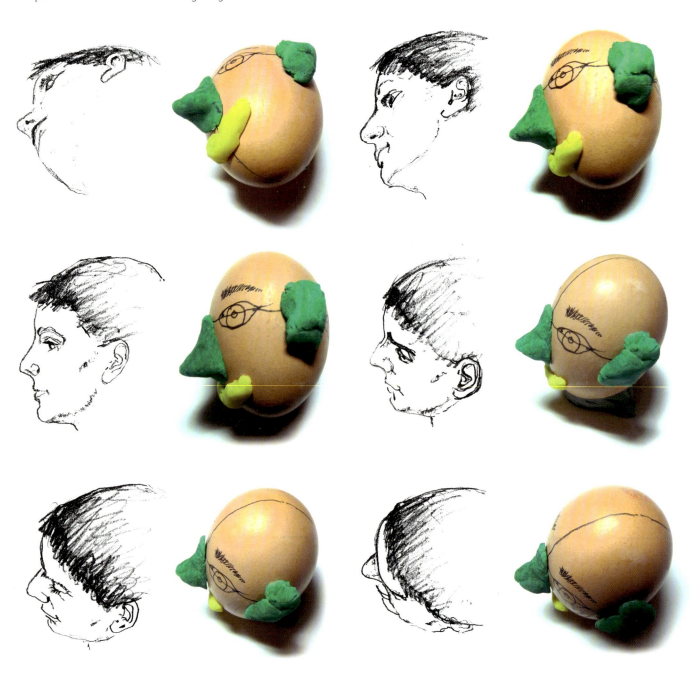

ÜBUNG 3 ZUM PORTRÄTZEICHNEN

WICHTIG FÜR MODEDESIGN UND KUNST AUF LEHRAMT: DREHUNG DES KOPFES UM DIE LÄNGSACHSE

MATERIAL:
- Hühnerei (hartgekocht) aus Übung 1
- Skizzenbuch
- Bleistift HB

Drehen Sie nun das Ei in verschiedene Positionen – hier einige Beispiele. Versuchen Sie diese wie gezeigt umzusetzen.

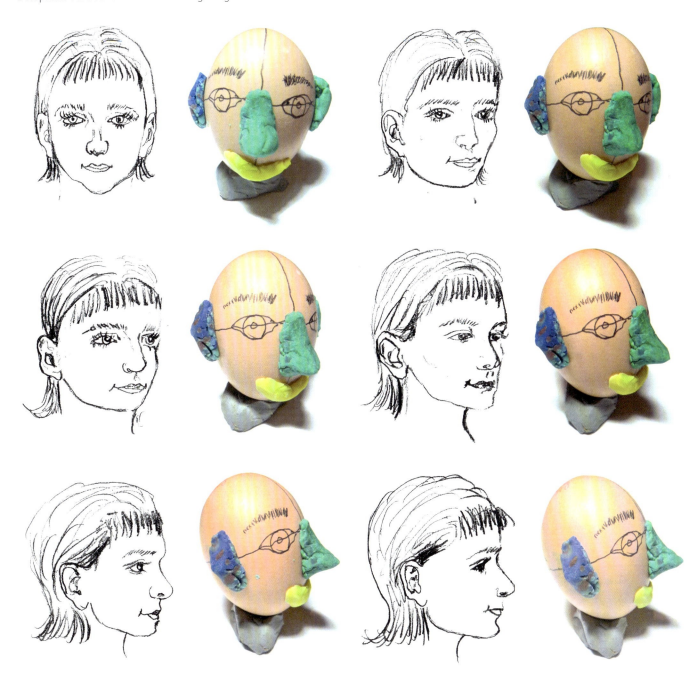

ÜBUNG 4 ZUM PORTRÄTZEICHNEN

WICHTIG FÜR MODEDESIGN UND KUNST AUF LEHRAMT: DAS ZEICHNEN VON AUGEN

MATERIAL:
- Skizzenbuch
- Bleistift HB

Achten Sie beim Zeichnen eines Auges immer auf die richtungsweisenden Linien. Das Auge ist nicht flach, sondern rund wie ein Apfel. Zeichnen Sie nur mit gekrümmten Linien.

Setzen Sie sich z. B. vor den Fernseher zeichnen Sie die Augen der Tagesschausprecher. Achten Sie auf verschiedene Positionen des Auges, ob es nach oben oder unten schaut, und setzen Sie sich damit auseinander, bevor Sie das gesamte Gesicht zeichnen.

ÜBUNG 5 ZUM PORTRÄTZEICHNEN

WICHTIG FÜR MODEDESIGN UND KUNST AUF LEHRAMT: DAS ZEICHNEN DES MUNDES

MATERIAL:
- Skizzenbuch
- Bleistift HB

Stellen Sie zunächst den Charakter des Mundes fest, z. B. ob er schmale oder volle Lippen hat. Legen Sie zuerst die Outline an, dann schattieren Sie. Zum Schluss bringen Sie Details und intensivieren Ihre Zeichnung.

Setzen Sie sich mit den verschiedenen Formen und Perspektiven eines Mundes auseinander.

ÜBUNG 6 ZUM PORTRÄTZEICHNEN

WICHTIG FÜR MODEDESIGN UND KUNST AUF LEHRAMT: DDAS ZEICHNEN DER NASE

MATERIAL:
- Skizzenbuch
- Bleistift HB

Zeichnen Sie zunächst die Grundform der Nase in Frontalansicht. Legen Sie zuerst die Outline an, dann schattieren Sie. Zum Schluss bringen Sie Details und intensivieren Ihre Zeichnung.

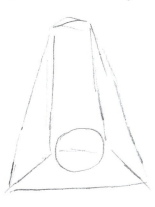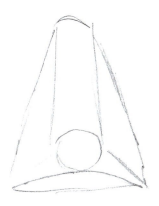

Zeichnen Sie nun die Grundform einer Nase in der Seitenansicht. Legen Sie auch hier zuerst die Outline fest, dann schattieren Sie und intensivieren im Anschluss Ihre Zeichnung.

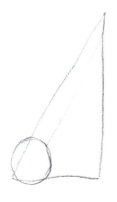

Setzen Sie sich mit verschiedenen Formen und Perspektiven einer Nase auseinander.

ÜBUNG 7 ZUM PORTRÄTZEICHNEN

WICHTIG FÜR MODEDESIGN UND KUNST AUF LEHRAMT: DAS ZEICHNEN DER OHREN

MATERIAL:
- Skizzenbuch
- Bleistift HB

Zeichnen Sie zunächst die Grundform eines Ohrs. Legen Sie zuerst die Outline an, dann schattieren Sie. Zum Schluss bringen Sie Details und intensivieren Ihre Zeichnung.

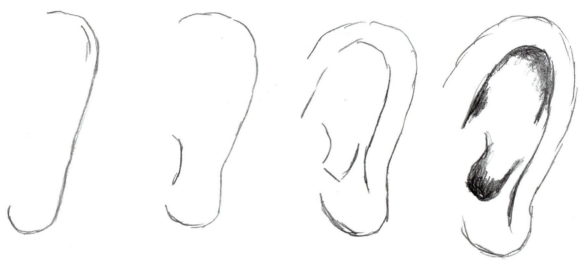

Setzen Sie sich mit verschiedenen Formen und Perspektiven von Ohren auseinander.

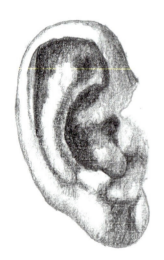 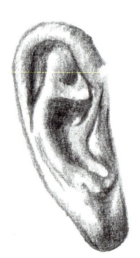  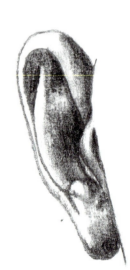

MAPPENSCHÜLER

_Mappenschüler stellen sich vor
_Grundlagen der Gestaltung
_Mappengruppe
_Themenarbeit
_Präsentation der Arbeiten
_Abgabe und Aufnahmeverfahren
_Abschließende Worte

MAPPEN
SCHÜLER

MAPPENSCHÜLER STELLEN SICH VOR

AM ANFANG NUR DAS ZIEL

Als mein Entschluss feststand, Kommunikationsdesign studieren zu wollen, neigte sich meine Schulzeit bereits stark dem Ende zu.

Mir war klar, dass ich, was mein Abitur, die Mappe, eventuelle Hausaufgaben sowie Prüfungen angeht, nicht allem die gleiche Aufmerksamkeit widmen konnte, da ich jedoch auch nirgendwo Abstriche machen wollte, entschied ich mich dafür, mich erst nach Schulabschluss genauer mit dem Bewerbungsverfahren zu beschäftigen. Angesichts der für mich als Schulabgänger erschreckenden Anforderungen, die sich vor mir wie ein Berg aufzutürmen schienen, traf ich nach kurzer Zeit die Wahl, mir für den Weg zum Ziel Studienplatz Hilfe zu holen.

Auf Renata und ihren Mappenkurs bin ich durch Zufall zuerst im Internet gestoßen, auf einer Seite, die die Reihe »Mythos Mappe« und auch ihr Buch »Mythos Mappe machen« vorstellte. Ich kaufte mir das Buch, las es durch und rief danach Renata an, da ich das Gefühl hatte, hier könnte mir weitergeholfen werden.

Mit Beginn des Mappenkurses merkte ich dann ziemlich schnell, dass mir die entscheidenden Grundlagen fehlten, von denen man noch in der Schule dachte, dass man sie beherrscht. Die Folge waren seitenweise verbrauchtes Zeichenpapier, abgenutzte Fineliner und Bleistifte und unzählige Stunden des Zeichnens, in denen ich manchmal gerne die Sachen an die Wand geworfen hätte, aber ich merkte, dass ich voran kam und es sich lohnte. Das war entscheidend!

Ich wusste ja auch, wofür ich das alles machte, denn ich wollte später unbedingt sowohl handwerklich kreativ sein, als auch mit eigenen Ideen Projekten einen Namen oder ein Gesicht, ja einfach eine Botschaft mitgeben. Ich konnte und wollte mich nicht mit dem Gedanken an ein Lehramtsstudium anfreunden, trotz der Vorteile, die dieser Beruf mit sich bringen mag, und entschloss mich daher gleich zu Beginn, diese Möglichkeit für mich nicht in Erwägung zu ziehen.

Während der ganzen Dauer des Mappenkurses ist mir mehr und mehr deutlich geworden, wie zeitaufwendig, nervenaufreibend und auch langfristig das Vorhaben »Studienplatzbewerbung« doch ist – und dass es keine Frage von Stunden oder Tagen werden würde. Man hat mit der Zeit nur mehr den nächsten Schritt, die nächste Arbeit oder die nächste Skizze im Blick als das Ziel Studienplatz und arbeitet sich Stück für Stück vor, es ist ja schließlich mehr ein Marathon als ein Sprint.

DEN RICHTIGEN WEG FINDEN

Nach der Realschule war für mich klar, ich will was mit Design machen. Also habe ich mich zu einem beruflichen Gymnasium für Gestaltungs- und Medientechnik angemeldet.

Leider habe ich den Aufnahmetest zu leicht genommen und mich nicht richtig vorbereitet, sodass dieser Traum erstmal ins Wasser fiel. Nun wurde es höchste Zeit: Ich musste mich schnell irgendwo anmelden, da ich sonst ein Jahr verloren hätte. Die meisten aus meiner alten Klasse gingen an eine Fachoberschule im Bereich Wirtschaft, was ich dann auch tat, da keine Zeit mehr blieb, mich um eine Alternative zu bemühen. Doch mit der Zeit merkte ich, dass Wirtschaft überhaupt nicht mein Ding ist, und so kam erneut der Wunsch in mir hoch etwas mit Design zu machen. Während meiner Zeit an der Fachoberschule besuchte ich verschiedene Fachhochschulen, um mich über »die Mappe« und auch über Gegebenheiten dort zu informieren. Immer wieder bekam ich zu hören: »Mach bloß keinen Mappenkurs, das wird nicht gerne gesehen!« So war ich sehr verunsichert, denn ich wusste ja nicht, was eine gute Mappe ausmacht.

Glücklicherweise kam ein paar Wochen vor meinem Abschluss eine Berufsberaterin in unsere Schule. Ich fragte sie, ob man nicht auch ohne Mappe etwas mit Design studieren könne. Sie verneinte und gab mir den Tipp mir das Buch »Mythos Mappe machen« zu kaufen, dort stünden wichtige Hinweise drin. Ich las das Buch in einem durch und war hellauf begeistert, wie die Schüler an die verschiedenen Techniken herangeführt wurden, und dass man wirklich was »lernte«, fast wie in der Schule. Jeder erarbeitet seine eigenen Bilder, und so wird jede Mappe sehr individuell. Außerdem arbeitet Renata nur in kleinen Gruppen, sodass sie sich um jeden individuell kümmern kann. Man hat außerdem die Gelegenheit, sich mit anderen Mappenschülern auszutauschen.

Der Grund, warum viele mir von einem Mappenkurs abgeraten hatten, war der, dass diese Mappenkurse so aussähen, dass jeder das gleiche malt/zeichnet und diese Werke dann in der Mappe präsentiert werden. Man hat sich nichts selber erarbeitet oder eigene Ideen in die Mappe eingebracht. Das ist ja beim Mappenkurs von Renata, der auch im Buch »Mythos Mappe machen« beschrieben wird, komplett anders.

Da ich jetzt schon einige Zeit in ihrem Kurs bin, kann ich sagen, dass meine Vorstellungen sich bestätigt haben: Renata legt wirklich viel Wert darauf, dass jeder seine eigenen Ideen verwirklicht und auch hart an sich arbeitet, um ein gutes Ergebnis zu erzielen. Auch wenn ihre Kritik oft wehtut, macht es doch viel Spaß und die Ergebnisse sprechen für sich.

MAREEN SPIEGELHOFF

Mein Name ist Mareen Spiegelhoff, ich bin 20 Jahre alt und habe 2009 mein Abitur gemacht. Danach wusste ich erst mal nicht ganz genau, was ich beruflich in meiner Zukunft machen sollte. Es sollte nur ein abwechslungsreicher Beruf sein, in dem ich immer neue Ideen mit einbringen kann und möglichst immer wieder etwas anderes „sehe".

Ich kam dann ziemlich schnell auf den Gedanken etwas in der Werbebranche zu machen und bewarb mich um ein Praktikum in einer Werbeagentur. Da ich mich sowieso immer schon für Fotografie interessierte, machte mir das Praktikum sehr viel Spaß. Zudem konnte ich sogar teilweise meine Ideen bei Layouts für Werbeslogans mit einbringen.

Ich recherchierte dann noch weiter im Internet, welche Richtungen man in dieser Branche einschlagen kann, und mir fiel das Kommunikationsdesignstudium auf. Auf der Internetseite der Uni stand natürlich direkt etwas von einer Mappe. Woraufhin ich auch da schaute, wer mir ein paar Tipps und Tricks verraten könnte, wie eine Mappe aussehen soll, was in diese Mappe überhaupt alles rein muss und, und, und ...

Ich bin durch einen Zufall dann auf Renatas Mappenkurs gestoßen und meldete mich sofort an. Die Vorbereitung auf die Mappe selbst hatte ich mir nicht so langwierig vorgestellt. Also musste ich, nachdem ich mein Praktikum im Sommer 2010 abgeschlossen hatte, eine neue Möglichkeit finden, wie ich neben der Erstellung der Mappe schon ein wenig weitermachen konnte. Daher schrieb ich mich im Oktober 2010 an der Uni Münster für Kunstgeschichte ein. Denn die Klausuren in diesem Studiengang kann man sich für Kommunikationsdesign bereits anrechnen lassen. So „verliere" ich auch kein Jahr, in dem ich mich nur mit der Mappe beschäftige.

Es ist schon anstrengend, jetzt für das Studium und für die Mappe parallel zu arbeiten, jedoch macht mir das riesigen Spaß, weil man sich so nicht nur mit der neueren Kunst beschäftigt, sondern auch einen wirklichen Überblick bekommt.

Nach diesen zwei Semestern möchte ich mich dann möglichst ebenfalls in Münster für Kommunikationsdesign einschreiben. Ich habe mich schon oft gefragt, warum ich mich nicht nur auf die Mappe konzentriert habe. Aber ich glaube, dass man ganz schnell in ein »Demotivationsloch« fällt, wenn man nur noch die Mappe vor Augen hat. Außerdem verliere ich so keine Zeit. Auch wenn es manchmal anstrengend ist, lohnt es sich außerdem, schon mal in den Uni-Alltag reinzuschnuppern. Ich plane mich fürs Wintersemester 2011 zu bewerben und arbeite bis dahin an der Fertigstellung der Mappe und an einem gelungenen ersten Semester im Fach Kunstgeschichte. ∎

LAURA RISCH

Hallo, ich bin Laura, 21 Jahre alt, und zurzeit dabei eine Tischlerlehre zu absolvieren. Nach meiner Lehre möchte ich Industriedesign studieren.

Da ich bald festgestellt hatte, dass man dafür eine Mappe braucht, kam auch ganz schnell die Frage auf, wie man sowas macht. Es hat nicht lange gedauert, da bin ich auf eins von Renatas Wochenendseminaren gestoßen. Nachdem ich zwei Tage lang Renata in Aktion erlebt und dabei schon dreimal so viel gelernt hatte wie in 13 Jahren Schule und anderen Zeichenkursen, wusste ich, dass ich bei Renata gut aufgehoben bin, und meine Panik vor der Mappe war fast weg. Mein Wunsch Industriedesign zu studieren stand schon fest, bevor ich wusste, dass ich zunächst eine Tischlerlehre mache.

Renata habe ich in einem sehr frühen Stadium kennengelernt und sie während meiner Entscheidungen etwas aus den Augen verloren, doch eins wusste ich nach dem besagten Wochenende sofort: Wenn ich eine Mappe mache, dann nur bei und mit Renata. ∎

MAPPENSCHÜLER STELLEN SICH VOR

Hi! Ich bin Anna, 22 Jahre alt und hoffentlich bald angehende Modedesignerin!

Ich würde mich als eine offenherzige und abenteuerlustige Person beschreiben, die sich gerne kreativ auslebt.

Nach meinem Abitur habe ich über ein Jahr lang in Amerika gelebt und dort als Au-pair gearbeitet. Ich habe dies als meine persönliche schulische Auszeit gesehen, da ich von vornherein studieren wollte.

Ich wusste bereits früh, dass ich in Richtung Design gehen möchte. Die schwierige Frage war nur: Welche Sparte? Ich entschied mich zunächst für Produktdesign und besuchte Renatas Mappenkurs.

Im Laufe der Mappenerstellung stellte sich immer mehr heraus, dass Produktdesign quasi mit Industriedesign gleichzusetzen ist und es technischer angelegt ist, als ich gedacht hatte. Auch Renata merkte, dass ich immer wieder in die falsche Richtung abdriftete und keine rechte Freude an meinen Arbeiten aufkam. Ich wollte meiner Kreativität freien Lauf lassen und stieß immer wieder auf die technischen Grenzen, die mir gegeben waren.

Daraufhin führten Renata und ich ein Gespräch, das mich dazu anleitete, meinen Entschluss Industriedesign zu studieren, zu überdenken. Das war eine harte Phase, da ich wieder bei Null anfangen musste und nicht wusste, was ich anstelle von Industriedesign gerne machen würde. Nach vielem Grübeln entschied ich mich per »Ausschlussverfahren« für Modedesign.

Ich zähle nicht zu denen, die bereits in jungen Jahren ihre eigenen Outfits genäht hatten und sich als Modedesigner berufen fühlten. Im Gegenteil! Ich hatte eigentlich keinen Schimmer vom Nähen und entschied mich trotzdem dafür! Auch wenn es keine Voraussetzung ist, werde ich es mir jedoch noch vor Beginn des Studiums aneignen, da man damit klar im Vorteil ist.

Mittlerweile habe ich meine Modedesign-Mappe fertig und bin damit auch auf Anhieb bei meinem Favoriten, der HAW Hamburg, durchgekommen und somit zum 2. Teil der Eignungsprüfung zugelassen!

Wenn man den richtigen Studiengang wählt, macht einem das Arbeiten an der Mappe Spaß und man kann sich an seinen Arbeiten erfreuen! Ich bin froh, dass ich mich bzgl. der Studienrichtung nochmal umentschieden habe, auch wenn mich das zeitlich zurückgeworfen hat. Es wäre viel schlimmer, wenn ich erst im Studium festgestellt hätte, dass ich mich falsch entschieden hatte!

Ich freue mich nun auf mein angehendes Modedesign Studium!!

Ich habe mich für einen designorientierten Studiengang interessiert und mich daraufhin an der VHS erkundigt, welche Zeichenkurse es gibt. Renata hat dort einen Mappenkurs angeboten, an dem ich dann teilnahm.

Zudem kannte ich einige Leute, die zuvor schon bei Renata den Kurs belegt hatten und nun bereits studieren. Ich bin mir zwar noch nicht sicher, ob ich wirklich studieren möchte, da ich in meinem erlernten Beruf schon kreativ tätig bin. Allerdings ist es für mich auch nicht nur die Arbeit an der Mappe, sondern auch das Zeichen an sich, was mir Spaß macht. Renata zeigt uns tolle Möglichkeiten, wie wir den einzelnen Arbeiten etwas Besonderes verleihen können. Ich kann hier nur für mich sprechen: Ich hatte zu Beginn keine Ahnung, was für Anforderungen an die Mappe gestellt werden, und auch keine Vorstellung davon, wie man sie umsetzen kann.

Man kann es bestimmt auch alleine schaffen, jedoch verstärkt die Arbeit in einer Gruppe die eigene Kreativität und Motivation.

GRUNDLAGEN DER GESTALTUNG – MEINE PERSPEKTIVE ZU DEN GRUNDLAGEN

RENATA LAJEWSKI

Das Grundlagen-Seminar ist Voraussetzung für den Einstieg in den eigentlichen Mappenkurs.

In dieses Seminar bringen die Kursteilnehmer in der Regel allein ihre in der Schule erworbenen künstlerischen Fähigkeiten mit. Da in den Schulen eine andere Zielsetzung im Fach Kunst verfolgt und eine intensive zeichnerische, werkzeugbetonte Auseinandersetzung sehr selten praktiziert wird, haben alle ungefähr die gleiche Ausgangsbasis. Zu Beginn der Kurse machen alle in etwa die gleichen Fehler.

Damit jeder einzelne Teilnehmer schnell eine Vorstellung davon bekommt, wie er sich entwickeln kann, integriere ich immer auch einige Fortgeschrittene in das Seminar. Deren Arbeiten werden in der Regel natürlich sehr bestaunt. Doch wissen die Betrachter zu diesem Zeitpunkt noch nicht, dass sie mit ihren eigenen Fähigkeiten gar nicht so weit von der Qualität dieser Arbeiten entfernt sind, wie sie es glauben.

Der Austausch zwischen den Fortgeschrittenen und den Anfängern ist zu diesem Zeitpunkt sehr wichtig, da die Einsteiger trotz meiner bisweilen etwas harten Kritik durch die bereits Geübten ermutigt und inspiriert werden. Meine Kritik scheint hart, da ich auf jeden gemachten Fehler hinweise, so klein er auch ist, aber gleichzeitig erkläre ich auch die Ursachen für die Fehler und wie diese verhindert werden können.

Ich vermittle jedem Teilnehmer ein konkretes Bild vom bevorstehenden Unterrichtsverlauf, so dass jeder ganz individuell für sich entscheiden kann, ob ihm diese Form des Unterrichts zusagt oder nicht. Denn was nun folgt, ist eine sehr intensive und oftmals deprimierende Auseinandersetzung mit seinen eigenen Arbeiten und sich selbst.

Erst nach dieser Tortur können die Teilnehmer in die Mappengruppe einsteigen. Die Beherrschung der Grundlagen ist unabdingbare Voraussetzung für die Arbeit an der Mappe.

GRUNDLAGEN DER GESTALTUNG
GRUNDLEGENDE TECHNIKEN

MARIE THERES SCHLIERKAMP

Am Anfang stand zunächst die runde Form. Alles begann mit einem Fineliner, einem Blatt Papier und einem Apfel, zu dem sehr bald einige andere Gegenstände wie ein Kürbis, ein Maiskolben und ein Seil hinzukamen.

Was zunächst zu beachten war, waren die Regeln für Licht und Schatten und die Informationen, die letzterer dem Zeichner gibt, damit er dem jeweiligen Motiv, z. B. einem Apfel, eine gewisse Plastizität geben kann. Informationen, die der Schatten gibt, sind erstens die der Positionierung des Objekts, zweitens die der Orlung der Lichtquelle und somit heller Bereiche des Objekts, und drittens die der Formatwahl zwischen Quer- und Hochformat.

Hat man dies einmal beachtet, ist man schon ein Stück weiter und kann sich mit dem Schatten an sich bzw. seinem Verlauf befassen, der zugegebenermaßen kniffliger ist als es scheint – besonders mit dem von mir nicht sehr geliebten Fineliner. Beim Verlauf sollten optimalerweise Dichte, Linienstärke und Struktur beachtet und entsprechend umgesetzt werden.

Nachdem Renata dies einige Zeit später bei mir absegnete, beschäftigte ich mich eingehender mit einer Grundlage, die mir, wie ich noch merken sollte, einige Probleme bereitete, da ich mich bis dahin nicht viel damit beschäftigt hatte – der Perspektive. Zu beachten galt es nicht nur, dass die Linien sich zu einem, zwei oder drei Fluchtpunkten hin vereinen, sondern auch, dass sie, sofern man das Objekt von unten betrachtet, nach oben hin zusammenlaufen. Desweiteren sollten außerdem die Winkel nicht zu spitz und die Senkrechten auf den Millimeter senkrecht zum Bildrand sein – kein Scherz, ich wünschte es wäre einer. Um dies zu verinnerlichen und auch anwenden zu können, wurden daher zunächst Bauklötze gezeichnet, zu Beginn einzeln und dann in Kombination, später wurden diese dann von kleinen Holzpuppenmöbeln abgelöst.

Zugegeben brachten mich die Grundlagen manchmal wirklich an den Rand der Verzweiflung und ich zweifelte, ob es überhaupt machbar war, eine Skizze mit Fineliner auszuarbeiten, die alle Kriterien erfüllte. Letztendlich haben sich diese Übungen aber gelohnt, denn ich glaube, dass diese Grundlagen unerlässlich sind, obwohl ich auch heute noch einiges für meine Perspektiv-Darstellungen tun muss. ■

TIPP

Der Schatten unterhalb des Objekts ist hier zu hoch angesetzt.

Bei dieser Zeichnung hat man den Eindruck, der Schatten fällt sehr weit nach oben. Wenn man aber genau schaut, sieht man an der Vorlage, dass der Schatten nur bis zur Mitte des Apfels reicht. Dieser Fehler wird sehr oft gemacht. ■

JULIA SONNENSCHEIN

Bevor man anfängt zu zeichnen, sollte man sich über die Formatwahl klar werden. Wenn man jetzt also eine lange Flasche hat, sollte das Blatt senkrecht genommen werden, wenn man aber beispielsweise eine breite Tasse hat, sollte das Blatt waagerecht genommen werden. Auch die Positionierung im Bild ist wichtig. Wenn das Objekt z. B. einen Schatten nach rechts wirft, sollte man es weiter nach links positionieren (und umgekehrt), sodass der Schatten »auslaufen« kann. Dann kann's losgehen.

Das einfachste ist, man fängt mit einer Kugel für die runde Form an. Dafür haben wir »Verläufe« geübt. Das war gar nicht so einfach, denn am Anfang haben wir immer mit dem Stabilo gearbeitet und man kann ja nichts radieren. Man setzt sich an der Kugel eine Licht- und eine Schattenseite und dann gilt immer: von dunkel nach hell. Da wo das Licht herkommt, ist es am hellsten. Der Verlauf ist so ziemlich die wichtigste Grundlage, da jedes Objekt, das man zeichnet, einen Farbverlauf haben sollte.

Für mich war es sehr schwer, die Verläufe hinzubekommen, da dies viel Geschick mit dem Stabilo Point erfordert. Mein Problem war, dass ich viel zu strukturiert an die ganze Sache ranging. Klar gibt es Regeln, an die man sich halten muss, aber ein perfekter Verlauf bedeutet viel Übung und Ausdauer. Aber wenn man's einmal raus hat, macht es viel Spaß und die Mühe hat sich gelohnt.

Ein weiterer Punkt ist der Schatten eines Objekts. Grundsätzlich gilt: Der Schatten ist am Ansatz immer dunkler als das Objekt und die dunkelste Stelle ist da, wo der Schatten das Objekt berührt. Dann läuft der Schatten ins Helle aus. Der Schatten sollte auch immer mit waagerechten Linien gezeichnet werden, da das Objekt meistens auf einer Ebene steht/liegt. Wogegen das runde Objekt mit gekrümmten Linien gezeichnet werden muss, da es sonst flach wirkt. Die Grundlagen sind auf jeden Fall Voraussetzung für alles andere. Man darf sich einfach nicht entmutigen lassen, wenn's nicht gleich klappt. ■

Es ist wichtig, gerade am Beginn nach einem Objekt zu zeichnen und nicht nach Abbildung. Es ist immer leichter, nach einer Abbildung zu zeichnen: Licht-, Schatten- und Größenverhältnisse sind vorgegeben. Das führt dazu, dass man sich nicht mit dem Objekt auseinandersetzt, sich keine eigenen Gedanken macht, sondern das kopiert, was man vorfindet.

LAURA RISCH

Das Schöne bei Renata ist, dass jeder bei Null anfängt, ob er nun mehr oder weniger kann. Zunächst lernt man den Stabilo Point schwarz kennen. Also nach zwei Monaten Stabilo hasst man diesen Stift einfach nur, oder man hat gelernt ihn zu lieben. Ich glaube etwas dazwischen gibt es nicht. Man fängt nicht mit dem Bleistift an, wo man sich sicherer fühlt, da man ja jederzeit radieren kann, sondern mit dem Stabilo, der nichts verzeiht. Man lernt, dass der Stabilo nicht nur Schwarz bedeutet, sondern Grau, Hellgrau und andere Stufen von Grau. Bis man jedoch soweit ist, können schon mal ein paar Wochen vergehen. Bei mir war es so, dass ich länger dafür gebraucht habe und den Stift gehasst habe, bis es auf einmal lief. Man kann sehr schöne Sachen mit dem Stabilo erstellen. Renata diktiert einem zunächst die Regeln, die man immer beachten muss. Jeder denkt, das sind ja nicht viele, aber es ist sehr schwer alle gleichzeitig zu befolgen, obwohl sie so einfach sind.

Die runde Form
Der Apfel ist das erste Objekt, mit dem man sich bei Renata beschäftigt, und man denkt zunächst, ein Apfel ist nicht schwierig. Oh doch: Man kämpft mit dem Stabilo mit den Verläufen und nicht zuletzt mit geraden Linien, die sich immer wieder einschleichen und von Renata gnadenlos gefunden werden. Selbst wenn man einen perfekt platzierten Apfel mit guten Verläufen geschaffen hat, findet Renata meistens immer noch gerade Linien, die alles kaputt machen. Man lernt viel bei Renata, aber meistens findet sich doch noch irgendwas, das nicht ganz so gut ist. Hat man jedoch schließlich einen perfekten Apfel gezeichnet, kann man sehr stolz auf sich sein. Die Aufgabe steigert sich dann zu Kürbissen – ich glaube einfach, weil keiner mehr Äpfel sehen kann – zu Maiskolben und Seilen.

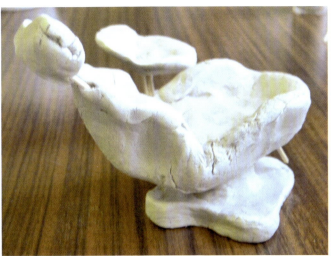

Hier hat Laura einen Stuhl aus Modelliermasse erstellt, um ihn dann zeichnen zu können.

GRUNDLAGEN DER GESTALTUNG
GRUNDLEGENDE TECHNIKEN

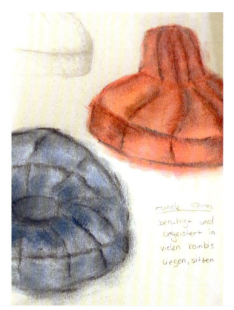

Pastellskizzen zu Lauras Thema »Liegen, Stehen, Sitzen«

LYNN SCHNEIDER

Den Grundaufbau der runden Form verdeutlichte uns Renata an bekannten Objekten, wie Äpfeln und Maiskolben.

Beim Zeichnen beginnt man mit dem Schatten des Objekts. Es ist wichtig, dass bei einer dreidimensionalen Form keine geraden Linien zu finden sind, sondern nur gekrümmte.

Dadurch, dass man nur mit dem Stabilo zeichnen durfte, fiel es mir schwer, mich nicht zu verzeichnen. Am Anfang habe ich mir gedacht: »Was soll das überhaupt, wieso kein Bleistift?« Dann wurde mir klar, dass es um unsere Bewusstheit ging den Stift zu führen, denn man kann seine Fehler nicht rückgängig machen. Dadurch wurden mir die Regeln vertrauter und Renata konnte unsere Fehler sehen, die wir sonst einfach ausradiert hätten.

Nach einiger Zeit hatte man ein Gefühl für die Form und für die optimale visuelle Bildaufteilung. ∎

ANZEIGE

KUNSTSCHULE ATELIER ALTONA
Kunstkurse für Freizeit und Beruf seit 1977.

MAPPENGRUPPE – GRUPPENDYNAMIK UND AUSTAUSCH

RENATA LAJEWSKI

Nachdem nunmehr das Grundlagenseminar erfolgreich absolviert ist, beginnt der Einstieg in die Mappengruppe. Damit beginnt auch schon die individuelle Arbeit an der Mappe, die allerdings ein vom Schüler selbst gewähltes Thema und das Entwickeln eines entsprechenden Brainstormings voraussetzt.

Dieses umfangreiche Brainstorming ist bereits die erste intensive Auseinandersetzung mit dem Mappenthema. Der Schüler muss sich vor Augen führen, welches Thema ihm zusagt, und zwar mit allen Facetten. Diese Auseinandersetzung bringt neue Sichtweisen mit sich, ein Thema wird lange und vielfältig überdacht und von allen Seiten neu betrachtet.

Zu Beginn vertiefen wir zunächst das Erlernte aus dem Grundlagenseminar. Es werden zusätzlich zum Stabilo Point neue Werkzeuge eingesetzt, z. B. der HB-Bleistift, die Kohle und die Rohrfeder. Zu jedem gewähltem Werkzeug gibt es jeweils eine kurze Einführung zu dessen Gebrauch. Bevor ich jedoch detailliert zur Handhabung von Buntstiften, Aquarell- oder Pastellkreiden mit all ihren vielen Möglichkeiten aushole, werden alle Schüler in die Farbenlehre nach Goethe eingeführt. Das Wissen um die Grundlagen der Farbenlehre ist Voraussetzung, bevor mit Farben gearbeitet wird.

Die Gruppendynamik und der Austausch untereinander werden für die Schüler jetzt sehr wichtig. Die Lebendigkeit, die sich in der Gruppe entwickelt, nimmt Einfluss auf die zu erstellenden Bilder. Auch lernt man, seine Zeichnungen und Skizzen zu präsentieren, sich mit den Arbeiten der anderen Kursteilnehmer auseinanderzusetzen und diese nicht als Konkurrenz zu erleben. Man erlebt die Gruppe als Unterstützung, ist nicht alleine in dieser Situation.

Die täglichen Fünf-Minuten-Übungen, die von den Schülern zu Hause absolviert werden, dokumentieren mir die Auseinandersetzung mit dem Thema und dem jeweils ausgewählten Werkzeug. Sie schulen die Wahrnehmung und sind sehr gute zeitbegrenzte Übungen, die ich mir von jedem Schüler wöchentlich präsentieren lasse. Ich bekomme also zu jeder neuen Unterrichtseinheit etwa 10–15 solcher individuellen Auseinandersetzungen, die dann gemeinsam betrachtet, besprochen und korrigiert werden.

Diese Vorgehensweise stellt schon eine erste Vorbereitung auf die Eignungsprüfung dar. Die Schwerpunkte liegen zu diesem Zeitpunkt jedoch noch auf dem Bildaufbau und der Technik. Ich konfrontiere die Schüler von Zeit zu Zeit mit der Aufgabe, ein Objekt eine Minute lang zu betrachten und es dann aus dem Gedächtnis innerhalb von fünf Minuten zu zeichnen. Zu Beginn des Mappenkurses erlebt jeder Teilnehmer diese Übung als persönliche Katastrophe, ist damit schlicht überfordert. Nach regelmäßigen Übungen über den Kurszeitraum hinweg werden die Arbeiten jedoch kontinuierlich besser.

Rückt dann der Abgabetermin für die Mappe näher, nimmt diese Art von Übungen – besonders bei den Objektdesignern – in Anzahl und Schwierigkeit zu.

MAPPENGRUPPE
THEMENAUSWAHL/BRAINSTORMING

MARIE THERES SCHLIERKAMP

Themenauswahl: Frosch

Brainstorming
Ergänzend zum Brainstorming habe ich ebenfalls ein kleines Artenverzeichnis zusammengestellt, da die verschiedenen Froscharten teils sehr amüsante, aber auch inspirierende Namen hatten, die ich in meine Mappe habe mit einfließen lassen.
  Für meine zweite Mappe, die ich in knapp 1,5 Wochen zusammenzimmerte, habe ich dann kein Brainstorming mehr gemacht, sondern lediglich nach spontanen Ideen gearbeitet.

Merkmale:
_lange Hinterbeine
_vier Zehen an den Vorder- und fünf an den Hinterbeinen
_häufig Schwimmhäute zwischen Vorder- und Hinterbeinen
_seitliche, abstehende, große Augen
_glatte bis warzige feuchte Haut
_Haftkissen an den Vorderbeinen
_seitlich angesetzte Nasenlöcher
_oft helle Bauchseite im Vergleich zum Rücken
_lange, klebrige Zunge
_Schallblasen am Kopf
_vergleichsweise kurze Vorderbeine
_stabil gebaute, auffällige Gliedmaßenansätze der Hüftregion
_Jacobsonsches Organ in der Nasenhöhle dient als Geschmacks- und Geruchssinn

Nahrung der Frösche und Kaulquappen:
Kaulquappen:
_Pflanzen u.a. Algen
_einzellige Mikroorganismen
Frösche:
_Insekten
_Gliedertiere
_Weichtiere
_Spinnen

Verhaltensweisen:
_Quaken zur Balz
_Springen
_mit Gewicht auf den Unterkörper verlagerte Sitzhaltung
_Schwimmen
_Umklammerung des Weibchens bei Paarung (Amplexus genannt)
_in Winterstarre fallen
_vorwärts kriechen
_Drehen, Rollen der Augen
_Eindrücken der Augen bei Nahrungsaufnahme
_mit Zunge schnappen
_einige Männchen schlagen mit Zunge im Kampf um Weibchen/zur Revierverteidigung
_teilweise Klettern
_teilweise Graben
_Tauchen
_einige nehmen bei Gefahr Drohgebärde ein
_einige spritzen Gift

Wissenschaftliche Einordnung:
_Unterstamm: Wirbeltiere (Vertebrata)
_Überklasse: Kiefermäuler (Gnathostomata)
_Reihe: Landwirbeltiere (Tetrapoda)
_Klasse: Lurche (Amphibia)
_Unterklasse: Lissamphibia
_Ordnung: Froschlurche (Anura)
_Klasse: Amphibien
_Amphibien vom griech. amphibios: Wesen mit Doppelleben, durch Larvenstadium im Wasser und darauffolgendes Leben an Land
_weit verbreitete Gattung: Echte Frösche (Rana)
_sehr artenreiche Familien: Echte Frösche (Ranidae), Laubfrösche (Hylidae)

Metamorphose:
_Froschlaich, Froscheier
_Kaulquappen
_Jungfrosch
_erwachsener Frosch
_vom »Vegetarier« zum »Fleischfresser«
_von der Kiemen- zur Haut- und Lungenatmung
_von Fortbewegung mit Schwanz zu Extremitäten
_erfolgt im Maul eines Elternteils
_erfolgt im Körper eines Elternteils
_erfolgt an Pflanzen oder Steinen unter Wasser
_erfolgt auf Bäumen, in Blättern, Höhlen oder Blüten

Fressfeinde:
_Reiher
_Störche
_andere Raub- und Wasservögel
_Ratten
_Igel
_Ringelnattern
_andere Schlangen
_Franzosen

Lebensräume:
_Seen (Algen)
_Bäume in meist tropischen Wäldern
_Teiche, Tümpel (Seerose)
_Sümpfe, Moor (Schilfgras)
_unter der Erde
_Bäche, Flüsse
_Wüste, Sand

Verbreitung:
_auf allen Kontinenten außer der Antarktis und einigen Inseln in kaltgemäßigten bis tropischen Zonen
_Schwerpunkte der Artenvielfalt in Subtropen und Tropen

Besonderheiten einiger Froscharten:
_Absonderung giftigen bis hochgiftigen Sekrets
_Frösche mit durchsichtiger Bauchseite
_innere Befruchtung
_Frösche mit Zahnreihen
_Schwanzfrösche
_Eiablage in Schaumnestern
_Flugfrösche
_Greifhaltung der Vorderbeine
_Kannibalismus unter Kaulquappen oder Fröschen

Farbpalette:
_gelb
_blau
_rot
_orange
_Varianten vieler Grün- und Erdtöne
_schwarz
_grau
_violett
_weiß

Bekannte Frösche:
_Kermit von den Muppets
_Frosch von Janosch mit der Tigerente

Tiere/Pflanzen mit Froschnamen:
_Gemeiner Froschlöffel
_Froschlaichalge
_Froschfische
_Froschlurche
_Froschdorsch
_Froschmäuler

Verwendung bei den Menschen:
_Froschsezierung
 (Schule: zu Studienzwecken)
_Froschschenkel
 (Essen: französische Spezialität)
_gefüllte Frösche (Essen: Kambodscha)
_früher Experimente zur Elektrizität
 mit Froschleichen
_früher Frösche zum Schwangerschafts-
 test verwendet
_Sitzhaltung als Übung beim Yoga
_Nachahmung der Schwimmbewegungen
_Frosch aufpusten bis er platzt
 (früher Kinderstreich)

Familienname Frosch:
_Christian Frosch (Künstler)
_Christian Frosch (Regisseur)
_Friedrich Wilhelm Gotthilf Frosch
 (Prediger)
_Johannes Frosch (Reformator)
_Matthias Frosch (Mediziner)
_Paul Frosch (Mediziner)
_Wicker Frosch (Geistlicher)
_Walter Frosch (Fußballspieler)

Nach Fröschen benannte Gegenstände oder Phänomene:
_Froschperspektive
_Teil des Bogens von Streichinstrumenten
_Vermessungswesen: Unterlage für
 Messlatten
_Markenname für Reinigungsmittel
_Explosionsstampframme
_Öllampe aus dem Bergbau
_Synonym für Heftstreifen
_Markenname für Schuhcreme
_Taucher mit Spezialanzug

Mit Frosch betitelte Spiele:
_Alle Frösche springen weg
_Frosch-Schnipsen mit Chips
_Halt die Luft an, kleiner Frosch
_Party für Fridolin Frosch

Gegenstände mit dem Frosch ähnlichen Merkmalen:
_Schallblase: Blasebalg, Dudelsack
_Augen: Scheinwerfer von bestimmten
 Automarken wie Twingo und Austin
 Healey
_Füße: Fächer, Schwimmflossen

Aberglaube, Bedeutung in Sagen und Mythen:
_Helfertier bei der Entstehung der Welt
_Frühlingssymbol
_Helden verwandeln sich in Frösche oder
 haben Froschgesichter
_Symbol für Hässlichkeit (in der Moderne)
_Gott der Regenerierung
_Herrscher über Regen und Fruchtbarkeit
_gilt als von Gott gesegnet
_Vermittlerrolle zwischen Himmel und
 Erde
_Frosch schützt vor Kälte
_Quaken sagt Regen vorher
_Präsenz reinigt Wasser
_Tierpeiniger erstickt
_einem Tiermörder verstirbt ein naher
 Verwandter
_Frosch im Haus = Unglück, Zauberei
_Für Niederschlag Frosch in Brot backen
_Froschfett gegen Rheumatismus
_Linderung von Wunden durch Frosch
 aufsetzen
_Frosch kann Wetter vorhersagen
 (Wetterfrosch im Glas)

Sprichworte, Scherze, Redensarten:
_»Sei kein Frosch«
_»Einen Frosch im Hals haben«
_»Grüne Augen Froschnatur, von der
 Liebe keine Spur.«
_»Alles geht, nur der Frosch hüpft.«
_»›Let's fetz‹ sagte der Frosch und
 sprang in den Mixer.«
_»Was ist grün und wird auf Knopfdruck
 rot? – Ein Frosch in der Mikrowelle.«
_»Peter ist ein Frosch.«

Märchen, Sagen, Geschichten:
_Der Froschkönig oder
 Der eiserne Heinrich
_Das Märchen von der Padde
_Der aufgeblasene Frosch bzw.
 Der Frosch und der Ochse
_Die beiden Frösche
_Der Storch und der Frosch
_Der Frosch als Arzt
_Zwei Frösche
_Knaben und Frösche
_Die Maus und der Frosch
_Der Frosch, die Ratte und die Weihe
_Die Frösche
_Frosch-Mäuse-Krieg

Assoziationen zu Froschkönig:
_verwunschener Prinz
_Goldene Kugel
_Brunnen
_Prinzessin
_Versprechen
_Frosch küssen
_Frosch an Wand werfen
_Schloss
_Frosch mit Krone

Wirtschaftliche Nutzung der Froschform:
_Fliegenklatsche
_Springbrunnenfigur
_Kuscheltier
_Kerze
_Knopf
_Ton-, Plastik-, Stein-, Gummifigur
_Objekt vieler elektronischer und
 Printmedien

MAPPENGRUPPE
THEMENAUSWAHL/BRAINSTORMING

MAREEN SPIEGELHOFF

Themenauswahl: Meer und Strand

Brainstorming:
Die Auswahl meines Themas hat sich recht schnell ergeben. Ich habe über meine Hobbys und Interessen nachgedacht und kam eigentlich immer auf das Thema »Wasser«. Jedoch hatte ich mir das Brainstorming nicht so lang vorgestellt: Wir bekamen die Aufgabe, wenigstens 4 DIN-A4-Seiten mit dem entsprechenden Thema zu füllen. Da war es natürlich sinnvoll ein Thema zu wählen, mit dem man sich auch beschäftigen möchte.

Wasser:
_Wellen
_Wasserstandsmesser
_Wassertropfen
_Ebbe und Flut
_Wattenmeer
_Glas Wasser
_Brücken
_Grachten
_Flüsse
_Tümpel
_Salz
_Meerjungfrau

Strand:
_Sandstrand
_Kiesstrand
_Felsenstrand
_Strandkorb
_Sonnencreme
_Sonnenhut
_Sonnenbrille
_Schaufel
_Eimer
_Feder
_Deiche
_Klippen
_Inseln
_Sandburg
_Dünen
_Eis
_Gräten
_Drachen
_Treibgut
_Sturm
_Orkan
_Tsunami
_Cocktails
_Strohhalm
_Früchte
_Kokosnuss
_Wassermelone
_Honigmelone
_Sternfrucht
_Banane
_Palme

Muscheln/Schnecken/Würmer etc.:
_Sandklaffmuschel
_Kalmar
_Herzmuschel
_Miesmuschel
_Auster
_Trogmuschel
_Amerikanische Schwertmuschel
_Baltische Plattmuschel
_Bohrmuschel
_Pfeffermuschel
_Getupfte Teppichmuschel
_Schlickkrebs
_Garnelen
_Einsiedlerkrebs
_Napfschnecke
_Nabelschnecke
_Seepocke
_Ohrenqualle
_Sepia (Tintenfisch)
_Feuerqualle
_Nordseegarnele
_Wattschnecke
_Strandschnecke
_Strandkrabbe
_Seestern
_Seeigel
_Röhrenwurm
_Krillkrebs
_Seespinne
_Meeresassel
_Seegurke
_Seeanemone
_Schwämme

Wale:
_Schwertwal
_Buckelwal
_Pottwal
_Bartenwal
_Zwergglattwal
_Schweinswal
_Narwal
_Finnwal
_Entenwal
_Grauwal
_Nordkaper
_Grönlandwal
_Seiwal
_Minkwal
_Beluga

Fische:
_Aal
_Kabeljau
_Seezunge
_Polardorsch
_Heilbutt
_Marlin
_Thunfisch
_Mondfisch
_Sprotte
_Scholle
_Hering
_Schwertfisch
_Makrele
_Schulpe
_Anchovis
_Sardelle
_Silberdollar
_Dorsch
_Lachs
_Antarktisdrachenfisch
_Krokodileisfisch
_Seepferdchen
_Tigerfisch
_Goldfisch
_Piranha
_Kugelfisch
_Fähnchenfalterfisch

Vögel:
_Schwan
_Gans
_Albatros
_Lachmöwe
_Silbermöwe
_Heringsmöwe
_Mantelmöwe
_Küstenschwalbe
_Braune Raubmöwe
_Elfenbeinmöwe
_Meeresstrandläufer
_Flamingo
_Papagei
_Kolibri
_Tukan
_Pelikan
_Stockente
_Eisvogel

Tiere im Eis:
_Eisbären
_Schneeeule
_Elch
_Schneehase
_Moschusochse
_Schneehuhn
_Polarwolf
_Ringelrobbe
_Seeleopard

_Rossrobbe
_Sattelrobbe
_Seerobbe
_Seelöwe
_Seebär
_Walross
_Seeelefanten
_Ohrenrobbe
_Königspinguin
_Adeliepinguin
_Goldschopfpinguin
_Kaiserpinguin
_Zügelpinguin
_Eselspinguin
_Felsenpinguin

Haie:
_Walhai
_Tigerhai
_Blauhai

Delphine:
_Chiledelphin
_Gangesdelphin
_Sanduhrdelphin
_Glattdelphin
_Großer Tümmler
_Rundkopfdelphin
_Irawadidelphin
_Indusdelphin
_Hectorsdelphin
_Golftümmler
_Jacobita/Commerson-Delphin
_Indopazifischer Delphin

Pflanzen:
_Alge
_Andel
_Queller
_Strandaster
_Strandroggen
_Strandhafer
_Seerose
_Knotentang
_Sägetang
_Spiraltang
_Rinnentang
_Blasentang

Sportarten:
_Beachvolleyball
_Bälle
_Netz
_Reiten
_Schwimmen
_Surfen
_Surfbrett
_Segel
_Neoprenanzug

_Tauchen
_Flossen
_Schnorchel
_Taucherbrille
_Harpune

Schiffe:
_Paddelboot
_Gummiboot
_Segel- und Motorboot
_Jolle
_Laserboot
_Plattbodenschiff
_Zweimaster
_Dreimaster
_Viermaster
_Handelsschiff
_Öllampe
_Marineschiff
_Matrose
_Strickleiter

_Segel
_Fock
_Pinne
_Wimpel
_Knoten:
   Palstek, Achter-Knoten
_Wrack
_Boje
_Wind
_Drachen
_Pirat
_Augenklappe
_Säbel
_Holzbein
_Totenkopf

Navigation:
_Fernglas
_Stundenglas
_Leuchtturm
_Kompass

MAPPENGRUPPE
THEMENAUSWAHL/BRAINSTORMING

LAURA RISCH

Themenauswahl: Liegen, Stehen, Sitzen

Liegen:
_Hängematte – kann vom Faultier kommen; steht für Luxus, Entspannung, Siesta
_Liegestuhl – Sand, Strand; Stoff wie bei Hängematte; Kombination aus Liegen und Sitzen
_Strandkorb – Urlaub s.o.
_Sofa – groß, klein; Höhle = zurück zum Urinstinkt – hohe Lehnen geben Schutz und Geborgenheit – Nest
_Hart und weich liegen; verschiedener Untergrund: Sand, Wiese, Laub, Watte
_Wie liegen Tiere?
_Wie liegen Menschen?
_Kann man im Ei liegen? Küken, Baby: erinnert an Geburt, Geborgenheit – Bett entwickeln
_Liegen neu erfinden: mit TesaPack an die Wand geklebt, Decke
_Liegen im Netz, wie eine Spinne: Liebespaar im Netz der Liebe
_Liegen, Schlafen auf Wolke 7
_Auf dem Wasser liegen sich treiben lassen; Salzwasser, Wasserbett
_Auf Luft liegen: Luftmatratze, Polster aus Luft (Noppenfolie)
_Solarium, Sonnenliege
_Entspannt liegen, im Stress liegen (Arzt, Untersuchung, Untersuchungsliege)
_Im S liegen, verschiedene Schlafpositionen für Möbel aufnehmen
_Zusammenliegen – wie ein Puzzle, Inselgruppen
_Saunaliege – Farbsauna
_Bett: Erholen, Akku auffüllen, Urinstinkt
_Rundbett: im Kreis liegen – Was macht unser Körper?
_Embryonalstellung
_Liegen im Grünen »Ein Bett im Kornfeld«; Wiese, Liegewiese, Marienkäfer, Grillen, Blumen und Sonne
_Sich in der Natur erholen
_Schaukeln im Liegen: Liege Design-Report
_Atmosphäre: Liegen im Licht, Warmen und Kalten
_Bequeme Liege: S-Form, V-Form, Kreis – Liege aus geometrischen Formen
_Auf dem Motorrad liegen: ergonomisch, Geschwindigkeit lässt uns liegen
_Liegeaccessoires: Frühstückstablett, U-Winkel zum Schieben
_Liegen an ungewöhnlichen Orten: Brücke (kann riesige Hängematte halten), U-Bahn – kann man da liegen?
_Verändert sich das Liegegefühl mit Farbe?
_Gegenstände, die liegen sollen: Wein (Weinregal)
_Wie hat sich Liegen entwickelt – früher und heute?
_Liege – Wiege
_Liege aus Seilen – Schwingung beruhigt, wie bei einer Wiege
_Kleider zusammenlegen, »Wer liegt im Kleiderschrank?«
_Liegen im Schlauchboot: Gummi und Wasser – Schlauchboot als Bett
_Liegen auf etwas Gestricktem, wie eine Katze im Wollknäuel
_Liegen im Wabenhotel in Asien
_Auf dem Bootssteg liegen
_In einem Fahrrad liegen
_Gardinen und Vorhänge legen
_Im Zelt liegen
_Auf einer Massageliege liegen
_Grashalm im Wind liegend
_Vögel liegen auf dem Wind
_Blätter liegen im Wind
_In der Badewanne liegen
_Im Whirlpool liegen
_Liegen beim Paragliding
_Im Schlaf liegen: embryonal, Legionär, seitlich
_Bei Tieren: sich eine Kuhle graben, zusammenrollen
_Auf einem Baum liegen
_Luftmatratze
_In Koje
_Kanapee
_Im Netz vorne bei alten Schiffen liegen
_Auf dem Wasser liegen
_Hollywoodschaukel
_Sportschlitten fahren im Liegen
_Im Schnee liegen
_Im Schlafsack liegen
_Im Stroh liegen
_Gartenliege
_Wie eine Robbe liegen auf der Sandbank, Kleinkinder robben
_Krankenbett
_OP-Tisch
_Kernspin
_Feldbett
_Babybalkon (Stillbett)
_Bett zum Hochklappen an die Wand
_Bett auf Bully

Stehen:
_Alleine
_In einer Gruppe
_In geometrischen Figuren: Kreis, Dreieck, etc. – Formen von Tischen
_Warum stellen oder ordnen wir Dinge in einer gewissen Weise an? – Kann man daraus Verhalten ablesen?
_Wie ein Fragezeichen dastehen – krummer Rücken
_Kerzengerade stehen (Kerzenständer)
_Erotisch stehen
_Beim Stehen klein machen, einfallen – wie ein Päckchen
_Rücken: elementar fürs Stehen, verleiht dem Stehen einen Ausdruck
_Bartisch: in der Kneipe an der Bar stehen
_Stehen kann ausdrücken: Mut, Angst, Stolz
_Hochseil – wackelig stehen
_Wo stehen wir im Raum: mittig, in der Ecke?
_Im Mittelpunkt: Rednerpult, Konzerte
_Aktivitäten im Stehen: Singen, Gitarre spielen, Sport
_Rangordnung
_Auf einem Bein stehen, Tisch mit nur einem Bein
_Mit beiden Beinen im Leben stehen
_Auf einem Surfbrett stehen: wackelig, Spaß
_»Titanic« – an der Brüstung stehen – Freiheit
_In der Natur: »Fels in der Brandung« – Sofa: Fels im Wohnzimmer
_Wie eine Giraffe sich groß machen beim Stehen; Lampen ziehen Schatten – machen lang
_Vor Hindernissen stehen; Absperrungen
_Vor dem Abgrund stehen: im Raum Empore, vor dem Orchestergraben (Stühle und Instrumente sind Wellen)
_Schaufenster: davor stehen bleiben, Schaufensterpuppen (stumm stehen)
_Mit angewinkeltem Bein stehen – bequem
_Auf der Stelle stehen
_Stehlampe kann man aus Kaktus entwickeln
_Einer sitzt, alle anderen stehen: Kontrast Sitzen – Stehen = Raumatmosphäre
_Stehen heißt da sein – präsent
_»Frauen stehen zwei Jahre ihres Lebens vor dem Kleiderschrank.« – Wie sollte der perfekte Kleiderschrank dafür aussehen?
_»Der Mond steht am Himmelszelt.« – Licht, Sterne (Eule, die sitzt/steht)
_»Vom Bett aus sieht deine Lampe aus wie drei Sterne.«
_Stehen alle Pflanzen: Baum, Gänseblümchen, …?
_»Auf der Leitung stehen.« – Telefon, Technik, nichts geht mehr

_Verschiedene Arten von Stehen:
  Hände in den Taschen
  Arme hängen lassen
  Hände auf die Hüfte stützen
  Sich anlehnen
  Gerade stehen
  Sich mit den Armen auf den Tisch
  stützen
  Cool an die Wand lehnen
_Körperspannung
  Arme vor dem Körper verschränken
  Kontrapost
  Hin und her wippen beim Stehen
  Bein anwinkeln
_Musik lässt uns aufstehen, zusammen-
stehen
  Musik als Motor zum Aufstehen
_Der Schuh und der Fuß als Basis des
Stehens: bequemer Schuh, Absatz-
schuh
_Absatzschuh: Was macht er bei Frauen
mit der Haltung beim Stehen (schöne
Beine)?
  Schuhschrank
_Säule als Symbol des Stehens, Halt
  Haus
_3-stöckige Torte: Hochzeitstorte
  Hält
  Wackelt
  Kann fallen
_Höfliches Aufstehen zur Begrüßung:
wie früher, wenn eine Dame an den
Tisch kommt
_Zwischen zwei Stühlen stehen
_Auf einem Elektroroller stehen
_Sport im Stehen:
  Volleyball
  Handball
  Kegeln (Kegel stehen)
  Bowling
  Schießen, Tontaubenschießen
  Diskuswerfen
  Speerwerfen
  Tauziehen
  Messerwerfer, an der Scheibe stehen
  Dompteur
  Klettern
_Mais, Gras steht im Wind
_Auf einem Trampolin stehen
_Auf einem Stepper stehen
_Auf einem Leuchtturm stehen
_Wie ein Flamingo stehen auf einem
Bein
_Sich groß machen wie ein Bär
_Auf vier Beinen stehen
_In einem Baum stehen
_In der Luft stehen wie ein Kolibri
_Fallschirmspringen
_Wie ein Berg ewig stehen
_In der Warteschlange stehen

_Bartisch auf einem Bein
_Rollator schieben als Stütze beim Stehen
_Krücken
_Tanzen:
  Ballett
  Paartanz
_Auf Eis stehen, auf dünnem Eis stehen
_Gerüst
_Leiter
_Im Aufzug stehen
_Uhr steht
_In der Blüte des Lebens stehen
_Rolltreppe – »Kundenbagger«
_Im U-Boot stehen
_Gänse, Gänsemarsch
_Stummer Diener
_Lampe
_Stuhl aus einem Guss
_Garderobe
_Vor dem Spiegel stehen
_Stativ

**Sitzen: (irgendetwas zwischen Liegen
und Stehen)**
_Büro: Tisch, Konferenztisch,
  »Am grünen Tisch sitzen«
_Chefsessel
_Gesellschaftsspiele: »Mein Spieltisch-
Projekt«
_Relaxen – Kombination zwischen Liegen
und Sitzen
_Fernsehen – Daumensport
_Lesen
_In Seilen sitzen:
  Schaukeln
  Schaukelstuhl: modern, alt
_Beim Essen sitzen:
  Edel essen gehen
  Fastfood – Bild: Hund und Katze
  Wie ändern sich die Möbel in den
  Lokalen, Atmosphäre?
_Das Bad
_Auf der Damentoilette sitzen –
  mit Zeitung
_Sitzen – Schweben: IKEA-Stuhl
_Auf verschiedenen Untergründen sitzen:
Teppich, Wiese, Sand, Gymnastikball
_»Wir sitzen alle im gleichen Boot.«
_Die Fliege sitzt überall: Ist für die Fliege
der Apfel, wie für uns das Sofa?
_Ergonomisch angepasst sitzen:
Rückenschule
_Verläufe von Kombinationen:
  Wie bei einem Baby:
  Sitzen, Krabbeln, Laufen
  Komplett beim Menschen: erst krab-
  belt er auf vier Beinen, danach geht
  er auf zwei, zuletzt auf drei, da er
  einen Stock benutzt
    T-Shirt mit »Evolution« drauf

_Bei Schockmeldungen setzen wir uns:
Stütze, Halt
_Schneidersitz
_Meditieren – buddhistische Mönche
_Gebet
_Beichtstuhl: Reue-Haltung
_Sitzen in verschiedenen Kulturen:
  Indien, Japan
  Indianer sitzen am Feuer (Lagerfeuer:
  Gemütlichkeit, Kreis verbindet)
  im Tipi
_Gesellschafts-Runde
  besser rund oder eckig, Vor- und
  Nachteile
_Tafelrunde
_Reiten:
  Cowboys
  Marlboro Werbung
_Würfel zum Sitzen, Multifunktionswürfel
von Timmermann
_Im Auto sitzen und fahren
  Fahrrad, Moped, Roller
_Wie ein König auf dem Thron sitzen
_Bei Jägern: Hochsitz
_Sich klein machen: Kauern, Päckchen
_Bei jemandem auf dem Schoß sitzen
_An der Theke sitzen
  Einen Absacker nehmen
_Im Bushäuschen sitzen: warten auf
Bus, U-Bahn, beim Arzt
  Atmosphäre
_Ziehstühle
_Melkschemel
_Hocker mit drei Beinen
_Sitzkissen
_Netzstuhl
_Sitzsport für Ältere: Tuch mit Bällen
_Rollstuhl
_Sport im Rollstuhl
_Im Sitzen Fahrrad fahren
_Beim Beten im Sitzen nach vorne beugen
_Auf Flokatiteppich sitzen
_Im Kinosessel sitzen
_Vögel sitzen auf der Stromleitung
_Wie Affen im Baum sitzen
_Affeninsel
_Kaffeeklatsch, Geschnatter
_Angeln
_Biergartengarnitur
_Kirmes:
  Schifferschaukel
  Autoskooter
  Kettenkarussell
  Raupe
_Picknick
_Klavierhocker
_Tischbank: Tabula Rasa
_Flying Carpet

MAPPENGRUPPE
THEMENAUSWAHL/BRAINSTORMING

ANNA HIMPFEN

Während der Grundlagenlehre wurden wir von Renata aufgefordert, ein Thema für unsere Mappe zu wählen. Anhand eines Brainstormings sollten wir sehen, wie vielfältig das Thema an sich ist und wie viele gute Ideen uns tatsächlich dazu einfallen würden. Wir mussten alles, was uns zum gewählten Thema einfiel und was wir damit in Verbindung brachten, stichpunktartig auflisten. Zudem sollten wir ein Thema wählen, mit dem wir uns identifizieren konnten, und an dem wir uns nicht so schnell sattsehen würden.

Mein Thema für meine Modedesign-Mappe stand schnell fest: USA! Dort war ich schon mehrmals gewesen und hatte viel von dem Land gesehen. Amerika inspiriert mich und ich konnte meine Auslandserfahrungen sowie meine Fotos und Reisen in meine Mappe einfließen lassen.

Sobald ich das Thema hatte, entstand eine Arbeit nach der anderen. Ich hatte das richtige Thema für mich gewählt, was einen regelrechten Ideenfluss mit sich brachte! Oft hatte ich fast schon zu viele Ideen, sodass Renata mich manchmal bremsen musste, damit ich die neuen Ideen hintenan stellte, um zuerst die angefangenen Arbeiten fertig zu bekommen.

VERSCHIEDENE WERKZEUGE

MARIE THERES SCHLIERKAMP

Während des Unterrichts in den Grundlagen, aber besonders in der Kunstnacht, lernten wir viele uns bis dahin teils fremde Werkzeuge kennen und machten uns mit ihrer Handhabung vertraut.

Mit Aquarell und Fineliner habe ich im Endeffekt in meinen Mappen kaum bis gar nicht gearbeitet, ich konnte mich mit Aquarell einfach nicht so richtig anfreunden, und vom Fineliner hatte ich nach den ausgiebigen Grundlagen-Skizzen auch erst mal genug. Alle anderen Techniken jedoch nutzte ich ausgiebig, sowohl für Mappen als auch Hausaufgaben, und lernte ihre Vorteile schätzen.

Buntstift und Bleistift waren natürlich bereits bekannt, jedoch – wie ich bald merkte – nicht die fortgeschrittenere Nutzung dieser Werkzeuge. So wurde auch hier noch eine kurze Einführung gegeben, bevor man sich an die Arbeit machen konnte.

Tusche, Kohle, Pastell, Nitrofrottage und Glasdruck jedoch hatte ich vorher nie genutzt und musste so, besonders wenn ich an Kohle und Tusche denke, teils mühsam lernen, wie sie gehandhabt werden. Tusche und Kohle sind zwei schnelle Möglichkeiten Arbeiten umzusetzen, da man mit ihnen kaum bis gar keine Korrekturmöglichkeiten hat und sich so nicht ständig verbessert, was genau mein Problem war, da ich bis dahin sehr, sehr langsam und penibel gearbeitet hatte. Aber mit der

Maries erste Experimente mit Pastell

Zeit klappte es auch bei mir besser, und am Ende hatte ich aufgrund der interessanten Effekte wirklich Spaß, wenn ich damit Zeichnungen anfertigte.

Bei Pastellarbeiten kann man wunderbar schnell auch größere Flächen kolorieren und erreicht dabei eine tolle Farbintensität. Vor der Kolorierung wurde die Fläche meist mit Weiß grundiert, dann wurden für Flächen Kreiden genutzt und für Strukturen und Umrandungen Pastellstifte.

In der Mappe selber kann man die verschiedenen Techniken dann sowohl getrennt als auch in Kombination miteinander in Form von Mischtechniken verwenden.

JULIA SONNENSCHEIN

Bleistift

Kohle wird nicht wie ein Stift gehalten.

Kohle

Stabilo Point
Meiner Meinung nach ist die Arbeit mit dem Stabilo am schwierigsten, da man, wie gesagt, nichts ausradieren kann. Auch die verschiedenen Farbnuancen erreicht man nur, wenn man den Stabilo sehr flach hält. Man muss dann aufpassen, dass der Stabilo nicht spitz wird. Wenn's dann aber gelingt, sehen die Arbeiten richtig toll aus.

Bleistift
Die Arbeit mit dem Bleistift ist nicht so schwer. Allerdings ist hier darauf zu achten, dass die Zeichnungen nicht zu dunkel werden, und dass man mit dem Bleistift nicht »schummert«, also ihn flach hält um heller zu werden. Das ist auch der entscheidende Unterschied zum Stabilo: Während man beim Stabilo den Stift flach hält um heller zu werden, muss man den Bleistift stets gerade halten und arbeitet nur mit dem Druck.

Buntstift
»Eine Buntstiftzeichnung ist erst dann gut, wenn man im dunklen Bereich keine weiße Stelle mehr sieht.« Bei Buntstiftzeichnungen arbeitet man meistens mit mehreren Farben. Hier ist zu beachten, dass man immer mit dem hellsten Farbton anfängt. Außerdem muss jede Farbe, wie mit Bleistift und Stabilo, von dunkel nach hell gearbeitet werden. Das dauert dann dementsprechend auch länger, aber die Zeichnungen können sich dann echt sehen lassen.

Mit einem weichen, weißen Pastell grundieren

Kohle
Die Arbeit mit Kohle hat mir persönlich am besten gefallen, da man mit ihr schnelle Zeichnungen macht. Kleinere Fehler kann man kaschieren und auch die Farbnuancen sind leicht herzustellen. Mit der Kohle darf man allerdings nicht in Stiftform arbeiten, man benutzt immer die breite Fläche. Deshalb wird sie auch oft in kleinere Stücke zerbrochen.

Pastellkreide
Auch mit Pastellkreide kann man schnell eine Arbeit erstellen. Erst mal wird die Stelle mit weißem Pastell grundiert und dann mit bunten Pastellen weitergearbeitet. Wie beim Bleistift fängt man auch hier mit dem hellsten Farbton an.

Tusche
Hierzu arbeitet man außer mit dem Tuschefaß mit einer Rohrfeder und Wasser. Man muss schnell sein: Hat man einen Tuschestrich mit der Rohrfeder gemacht, sollte man ihn sofort wässern. Das gibt einen tollen Effekt.

Pastellkreide

Tusche – schnell arbeiten!

MAPPENGRUPPE
VERSCHIEDENE WERKZEUGE

MAREEN SPIEGELHOFF

Tusche

Kohle

verschiedene Techniken

Stabilo
Der Stabilo hat mich ganz am Anfang fast in den Wahnsinn getrieben. Ich dachte, wenn das am Anfang schon nicht klappt, dann schafft man ja gar nichts. Da der Stabilo nicht einfach wegzuradieren ist, muss man schon vorher im Kopf haben, was man wohin zeichnet. Nach einer Weile machte es mir sehr viel Spaß und ist eine Technik, die ich vorher noch nicht kannte.

Buntstift
Buntstift ist eine Geduldsarbeit. Ich mag jedoch den Buntstift als Werkzeug sehr, da man richtig schöne Ergebnisse erzielen kann, die aussehen wie gedruckt. Die Farben leuchten sehr stark auf dem Papier. Auch über Pastellkreiden sieht Buntstift immer sehr intensiv aus.

Kohle
Ich empfinde Kohle als eines der schwierigsten Werkzeuge. Jedoch sagten mir andere Schüler, dass sie auch erst die Kohle gehasst und nachher dann geliebt haben. Man muss erst einmal den Dreh dabei herausbekommen.

Tusche
Bei der Tusche muss man manchmal die Hemmung verlieren herumzuschmieren. Jeder Strich aus der Feder muss interessant sein, also anders als der vorhergehende. Trotzdem ist es ärgerlich, wenn man aus Versehen einen Tropfen auf das Blatt fallen lässt, der nicht geplant war, denn Tusche bekommt man in der Regel nicht mehr weg, wenn sie einmal da ist. Auch zum Wässern benötigt man eine ruhige Hand. Benutzt man zu viel Wasser,

kann man zwar immer wieder etwas wegtupfen, aber wenn man zu langsam ist, hat sich das Papier sehr schnell vollgesogen. Die sepiafarbene Tusche, die wir im Kurs benutzen sollten, gefällt mir persönlich besser als die schwarze, da man viele Farbnuancen bei dieser Tusche erreichen kann.

Pastell
Mit den Pastellkreiden kann man sehr schnell arbeiten: Während man bei Buntstift enorme Geduld aufbringen muss, kann man in Pastell große Arbeiten genauso farbenprächtig viel schneller herstellen. Jedoch empfinde ich es als Schwierigkeit kleine und schmale Objekte in Pastell zu malen. Wenn die Finger dazu zu dick sind, kann man zwar auch kleine Hilfsmittel wie Wattestäbchen benutzen, jedoch ist damit der Auftrag der Farbe viel mühsamer, da man das Wattestäbchen erst komplett in der Kreide tränken muss, damit es Farbe abgeben kann.

Pastell

ANNA HIMPFEN

Mir hat es viel gebracht, dass wir eine Vielzahl verschiedener Werkzeuge (Stabilo, Bleistift, Tusche, Aquarell, Kohle, etc.) bei Renata durchgenommen und besprochen haben. Dadurch hatte man ein großes Spektrum an Möglichkeiten, um seine Mappe möglichst vielfältig und interessant gestalten zu können.

Wir haben beispielsweise die grundlegenden Unterschiede zwischen Mal- und Zeichenwerkzeugen besprochen, damit wir selbst in der Lage sind, die richtigen Werkzeuge für unsere Arbeiten zu bestimmen.

Bei Material- und Strukturdarstellungen ist das richtige Werkzeug und die richtige Technik entscheidend. Will man beispielsweise einen Metallgegenstand darstellen, bietet sich eine Bleistiftzeichnung an. Dies habe ich bei meinen Skizzen von Scheren genutzt. Durch die verschiedenen Härtegrade der Bleistifte lässt sich der typische Metalleffekt besonders gut darstellen. Besonders wichtig ist hierbei, den Hell-Dunkel-Kontrast zu erfassen, der die Lichtreflektion des Metalls wiederspiegelt.

Es gibt so viele verschiedene Strukturen und Möglichkeiten, diese darzustellen. Wichtig ist, dass man vor dem Zeichnen das Objekt genau betrachtet und die Struktur studiert, um sie möglichst naturgetreu wiederzugeben.

Gibt man Aquarellfarbe oder auch Acrylfarbe auf eine Glasscheibe, erzielt man, die Farbe aufs Papier gedruckt, sehr schöne Effekte.

MAPPENGRUPPE
GESTALTUNGSTECHNIKEN

MARIE THERES SCHLIERKAMP

Neben der bereits erwähnten Handhabung der verschiedenen Werkzeuge sowie verschiedenen grundlegenden Kenntnissen, was Licht- und Schattendarstellung sowie Perspektive betrifft, haben wir uns auch noch mit anderen Gestaltungstechniken beschäftigt, da erst alle Komponenten zusammen ein schönes und professionelles Bild ergeben.

Hierzu gehörten sowohl der Blickwinkel, aus dem die Arbeit angefertigt wird, also ob ein Motiv zum Beispiel von vorne gezeichnet wird oder aus einer starken Froschperspektive heraus, als auch die Motive teils nur ansatzweise zu zeichnen. Dies kann auf den Betrachter interessanter wirken als eine vollständig gezeichnete Vorlage.

Außerdem war noch die Positionierung des Objekts zu beachten, die einen nicht unwesentlichen Teil zur Wirkung einer Arbeit beiträgt.

ANNA HIMPFEN

Wir haben auch gelernt, dass eine Arbeit von Anfang an gut durchdacht sein muss und man nicht einfach drauflos zeichnen sollte. Man berücksichtigt unter anderem den Bildaufbau und die richtige Wahl des Bildformats ebenso wie die Wahl des richtigen Werkzeuges. Möchte man beispielsweise eine Person in Bewegung darstellen, geht man ganz anders vor, als wenn man einen leblosen Gegenstand zeichnet.

Als ich meine Ballerina gezeichnet habe, stellte sich zunächst die Frage, mit welchem Werkzeug ich sie darstellen würde. Eine langweilige Standposition kam für mich in diesem Falle nicht in Frage. Sie sollte in Aktion dargestellt werden, und so entschied ich mich, sie sich im Tanze drehen zu lassen. Mithilfe von Pastellkreiden und dem Malmittel Oleo Pasto konnte ich den von mir gewünschten Schwung mit ins Bild einfließen lassen. Mit Buntstift wäre dieser Effekt nicht so leicht möglich gewesen.

JULIA SONNENSCHEIN

Hier geht es darum, seinem Bild noch das gewisse Etwas zu geben. Ich habe an der Stelle immer gerne mit Typo gearbeitet. Einfach Stempel auf ein Stempelkissen drücken oder beispielsweise in Acrylfarbe und damit sein Bild verschönern.

Für die Gestaltung ist es außerdem wichtig, das Objekt, das man darstellen will, seine Oberfläche bzw. sein Material richtig zu beobachten. Das heißt, wenn man eine Schere (aus Metall) zeichnet, sollte man sehen, dass die Farben hier extrem zueinander stehen z. B. eine schwarze Fläche neben einer weißen. So kann man ein Objekt sehr realistisch darstellen und zeigt Wahrnehmungsvermögen.

Manchmal ist es auch sinnvoll, verschiedene Werkzeuge miteinander zu kombinieren. Das kann eine Arbeit gleich anders aussehen lassen, als wenn man nur mit einem Werkzeug gearbeitet hat. Hier gilt es, einfach zu experimentieren und auch mal mit den Malmitteln zu arbeiten, so hebt man sich sicher von der Masse ab.

TIPP

Bei der Ballerina war mir der Schwung des Kleides nicht genug, so veranschaulichte ich der Schülerin mit ein paar schnellen Korrekturen, wie sie es verbessern könnte.

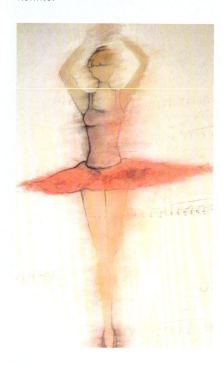 

WAHRNEHMUNGSÜBUNGEN

MARIE THERES SCHLIERKAMP

Zur Schulung unserer eigenen Wahrnehmung, die ja einen wesentlichen Teil jeder Eignungsprüfung ausmacht – Stichwort »Wahrnehmungsvermögen« – haben einerseits die regelmäßige Besprechung unserer Skizzen und Arbeiten in der Gruppe und mit Renata beigetragen und andererseits bestimmte in diese Richtung zielende Übungen.

Hierzu zählten die Gedächtnisübungen, bei denen man sich einen Gegenstand oder eine Person eine Minute ansieht und dann innerhalb von bis zu 5 Minuten aus dem Gedächtnis zeichnet, ebenso wie die Übungen des Blickwinkels, aus dem heraus ein Objekt gezeichnet wird. Bei den Gedächtnisübungen war es besonders schwierig, sich, nachdem das Objekt entfernt war, noch an das Wesentliche zu erinnern, da man zu Beginn immer versuchte sich alles zu merken, anstatt sich einen Teil des Objekts auszusuchen oder sich nur auf die grundlegenden Merkmale zu beschränken. ∎

JULIA SONNENSCHEIN

Renata hat uns einen Gegenstand gezeigt, den wir dann eine Minute betrachten sollten. Danach hat sie ihn weggenommen und wir hatten ca. 5 Minuten Zeit, den Gegenstand aus dem Gedächtnis zu zeichnen. Hierbei muss man sich auf das Wesentliche des Gegenstands beschränken und das auch zuerst zeichnen. Es war anfangs gar nicht so einfach, die vielen kleinen Details zu behalten und sich auf irgendeine Stelle besonders zu konzentrieren. Aber mit ein bisschen Übung kriegt man das auch hin. ∎

KREATIVITÄTSTRAINING

MARIE THERES SCHLIERKAMP

Hierzu würde ich eigentlich fast alles zählen, was im Kurs gemacht wurde, ich denke, ich beschränke mich jedoch auf das Naheliegende. Um auf Aufgaben in Eignungsprüfungen vorbereitet zu sein, in denen man in relativer kurzer Zeit eine eigene Idee entwickeln und auch umsetzen muss, haben wir uns Aufgaben der letzten Jahre angesehen und geübt.

Es ging unter anderem darum, in 10 Minuten ein Redewendung wie »Schweinehund« zeichnerisch aus einem interessanten Blickwinkel umzusetzen mit einer Idee, die den Begriff sofort erkennen lässt. Optimalerweise sollte die Zeichnung auch noch koloriert werden.

Renata gab uns hierfür jedoch lediglich 5 – 6 Minuten, womit ich besonders am Anfang Schwierigkeiten hatte. Ich fand es bereits schwierig, in dieser kurzen Zeit eine korrekte und interessante Zeichnung zu produzieren, aber zusätzlich in den ersten Sekunden auch eine gute Idee zu haben, fand und finde ich immer noch recht knifflig. Je öfter diese Aufgaben jedoch geübt werden, desto besser, denke ich, kommt man schlussendlich mit ihnen zurecht, was sich auch positiv auf die Ergebnisse auswirkt. ∎

FÜNF-MINUTEN-SKIZZEN

MARIE THERES SCHLIERKAMP

Fünf-Minuten-Skizzen waren für mich immer eine eher ungeliebte Übung, da ich relativ langsam zeichnete und so mit der Zeit teilweise überhaupt nicht zurecht kam. Jedoch wurde es mit steigender Anzahl der Übungen langsam besser und ich merkte, dass ich durch die vielen Skizzen und Übungen, die ich machte, schneller wurde.

Für die Eignungsprüfungen war diese Art von Übung auf jeden Fall sehr hilfreich, und so war ich im Endeffekt froh, sie vorher geübt zu haben. ∎

JULIA SONNENSCHEIN

Oh je, also die Fünf-Minuten-Skizzen sollen dazu dienen, sich auf das Wesentliche oder Interessanteste an einem Objekt zu beschränken, da man ja nur fünf Minuten Zeit hat diese zu zeichnen. Einfach ist das allerdings nicht, da wir uns jedes Objekt vorher nur eine Minute angucken durften und es dann aus dem Kopf nachzeichnen sollten. Da vergisst man auch schon mal ein paar Details. ∎

ANNA HIMPFEN

Ich zähle mich zu den »Perfektionisten«. Mit meiner Eigenschaft, alles so genau wie möglich machen zu wollen und zu perfektionieren, stehe ich mir oft selbst im Weg. Es ist wichtig »lockerer« zu werden und keine Angst vorm nächsten Strich zu haben. Ebenso sollte man sich nicht im Detail verlieren. Dabei haben mir die Fünf-Minuten-Skizzen sehr geholfen. Innerhalb von 5 Minuten muss man mit der Skizze fertig sein. Anfangs schafft man es meist nicht und ist zunächst leicht frustriert über das kärgliche Ergebnis. Doch man darf nicht vergessen, dass es sich hierbei um eine Übung handelt und man von Mal zu Mal besser wird. →

MAPPENGRUPPE
FÜNF-MINUTEN-SKIZZEN

ANNA HIMPFEN

Eines Tages hat Renata mir drei Paar Schuhe vor die Nase gesetzt und gesagt: »Los! In 5 Minuten will ich die drei Paar Schuhe aus verschiedenen Perspektiven sehen.« Mann, war ich nervös! Aber letztendlich sind die Schuhe richtig gut geworden. Da hatte ich mich selbst übertroffen! Zuhause hätte ich für meine Schuhzeichnungen Stunden brauchen können und letztendlich wären sie zu genau gezeichnet gewesen. Renata wollte mehr Lockerheit sehen und nicht, dass meine Schuhe wie aus einem Buch abgezeichnet aussehen. Ich habe manchmal einfach jemanden neben mir gebraucht, der im richtigen Augenblick »Stopp« sagt! Durch die Fünf-Minuten-Skizzen habe ich gelernt, das selbst zu tun!

Ich finde, dass man diese Entwicklung bei mir anhand meiner Figurinen sehen kann. Zu Beginn habe ich meine Figurinen schablonenartig gezeichnet und jeden Strich gut durchdacht. Das war auch noch OK, da in diesen Arbeiten die Outfits und die Idee im Vordergrund standen. Jedoch wirken meine ersten Entwürfe dadurch steif. Bei meinen letzten Figurinen habe ich einfach »losgelassen« und schnell gearbeitet. Sie waren alle innerhalb von 5 Minuten fertig. Es ist so schnell und einfach und doch so effektiv!

BILDANALYSEN

MARIE THERES SCHLIERKAMP

An den wöchentlichen Kursabenden brachte jeder die Skizzen mit, die er oder sie in den vergangenen Tagen seit dem letzten Treffen gezeichnet hatte. Diese wurden dann in der Gruppe und von Renata besprochen und auf Kriterien hin analysiert wie Perspektive, Licht- und Schattendarstellung, Handhabung des Materials, Positionierung oder Blickwinkel, aus dem heraus gezeichnet wurde. Sollte die Skizze über die Grundlagen hinaus außerdem eine Idee transportieren, wurde geschaut, ob diese für den Betrachter klar, verständlich und einfallsreich war.

Durch die Beurteilung der eigenen Skizzen oder Arbeiten durch andere entwickelte ich teilweise eine ganz andere Sicht auf meine Zeichnungen und entdeckte zuweilen Fehler in der Ausarbeitung, die mir allein wahrscheinlich nicht aufgefallen wären. Die Anregungen Renatas oder der anderen führten aber auch dazu, dass man manchmal eine Idee völlig anders weiterentwickelte als zu Beginn oder wieder ganz neue Ideen daraus entstanden.

Über die Bildanalysen hinaus hatten die Kursabende aber zweifellos noch andere Vorteile für mich, da man aus Magazinen oder Büchern in Renatas eigener kleiner Bibliothek einiges an Inspirationen mitnehmen konnte, und der Austausch mit anderen, die ebenfalls in eine ähnliche oder die gleiche Richtung gehen, sehr motivierend ist.

JULIA SONNENSCHEIN

Zu Anfang haben wir oft Bildanalysen gemacht. Das hieß, jeder legte seine zu Hause angefertigten Zeichnungen aus und wir haben sie dann alle gemeinsam »auseinander gepflückt«. Wir haben nach dem Bildaufbau geguckt, ob der Schatten an der richtigen Stelle ist, ob der Verlauf gelungen ist usw. Das war manchmal ganz schön hart, da man oft sehr lange an einer Zeichnung gesessen hat und sie eigentlich selbst für gut befand, und dann kommt man zu Renata und ist total gefrustet. Naja, das nur mal so am Rande.

Ich muss aber einfach sagen, dass gerade diese sehr hart erscheinende Kritik einen weiterbringt und einen selbst dazu zwingt noch besser zu werden.

TIPP

Hier wollte ich den Topf einmal korrigiert haben, weil er nicht korrekt dargestellt wurde. Mit Pastell macht das nicht so große Schwierigkeiten, da man auch nach einer Fixierung noch nacharbeiten kann.

MAREEN SPIEGELHOFF

Die Bildanalysen jede Woche haben mir sehr geholfen meine eigenen Bilder kritisch anzuschauen, sie aber auch vor anderen zeigen zu können. Ich hatte erst Skrupel, meine Bilder vor drei oder vier anderen Leuten zu zeigen, aber genau durch dieses Üben verliert man die Scheu, seine Bilder auch nachher beim Eignungstest zu zeigen. Es gibt auch immer neue Ideen, wenn andere Leute ihre Kommentare zu den eigenen Bildern abgeben. Man kann so manchmal ganz zufällig neue Ideen entwickeln.

ANNA HIMPFEN

Unsere Aufgabe war es, die im Unterricht besprochenen Dinge zu Hause umzusetzen und zu vertiefen. Zunächst sollten wir viele Skizzen anfertigen. Bis zu 10 GUTE Skizzen sollten es schon sein, denn ohne Fleiß kommt man nicht schnell voran. Die angefertigten Sachen mussten wir dann zur nächsten Stunde mitbringen, damit sie dort gemeinsam besprochen werden konnten. Die Skizzen mussten so lange ausgebessert werden, bis Renata das langersehnte OK zur Umsetzung gegeben hatte!

Dann durften wir die Skizze auf das große Format bringen, das wir aber immer wieder zwischendurch begutachten ließen um sicherzugehen, dass wir das bestmöglichste Ergebnis erzielen würden.

FARBENLEHRE

MARIE THERES SCHLIERKAMP

Durch die Schule mit Farbkontrasten, Primär- und Sekundärfarben vertraut, erwartete ich bei der in der Kunstnacht vermittelten Farbenlehre nicht mehr viel Unbekanntes zu erfahren. Ein weiterer der vielen Irrtümer in der Zeit des Mappenkurses.

Denn dass sich der Schatten auf dem Objekt aus der Eigenfarbe des Gegenstandes sowie der Komplementärfarbe zusammensetzt und der Schatten, den der Gegenstand auf seinen Untergrund wirft, sich zusätzlich zu beiden Farben auch noch aus Blau zusammensetzt, war mir bis dahin unbekannt.

Genauso wenig wusste ich von der Herleitung der Komplementärfarbe innerhalb des Farbkreises von Primär- und Sekundärfarben. Sollte man die Komplementärfarbe von Blau also einmal vergessen haben, weiß man die anderen beiden Grundfarben sind Gelb und Rot, da sich diese drei Farben nicht aus anderen mischen lassen. Mischt man nun Gelb und Rot miteinander erhält man Orange, somit ist dies die Komplementärfarbe von Blau.

Besonders die Zusammensetzung des Schattens würde ich als sehr wichtig bezeichnen, da sie im Gegensatz zu Schwarz, das ich vor dem Kurs für Schattendarstellungen benutzte, das Motiv eindeutig lebendiger, ja irgendwie echter erscheinen lässt.

JULIA SONNENSCHEIN

Die Farbenlehre ist sehr wichtig, denn man muss bei der Farbwahl viel beachten. Zum Beispiel, wenn man eine Zitrone malen will. Dann ist die ja gelb. Ich hätte sie vor Renata einfach nur gelb gelassen. Aber jetzt kommt's: Bei jedem farbigen Objekt muss in die reguläre Farbe, im Beispiel zum gelben Farbton, auch noch die Komplementärfarbe, also die Farbe, die dem gelben Farbton im Farbkreis gegenübersteht. Das wäre dann Lila. Das Lila wird aber nur im dunkleren Teil des Objekts verwendet, sonst sieht die Zitrone ziemlich scheußlich aus.

Die Komplementärfarben mussten wir auswendig lernen, denn man sollte nicht lange überlegen müssen, welche Farben man für ein Bild braucht.

MAPPENGRUPPE
FARBENLEHRE

MAREEN SPIEGELHOFF

Die Farbenlehre haben wir in unserem Kurs gleich am Anfang besprochen, was mir sehr weitergeholfen hat. Ich kannte zwar die drei Grundfarben und ihre drei Komplementärfarben, jedoch hat mich die Theorie sicherer werden lassen im Umgang mit den Farben. Mit den Komplementärfarben kann man schöne und reale Effekte z. B. im Schatten eines Objektes erzielen. Nachdem wir uns mit der Farbenlehre beschäftigt hatten, bekam ich direkt ein ganz anderes Verständnis von den Farben und habe mich zuhause erst einmal damit beschäftigt, nur mit den Grundfarben neue Farben zu mischen. Dadurch fiel es mir dann viel leichter meine eigenen Farben zu mischen. Wichtig ist das z. B. bei der Glasabdrucktechnik. Meist möchte man ganz andere Farben verwenden als die, die sich im Farbkasten befinden. Da macht es noch mehr Spaß, wenn man ein Farb-Verständnis hat und es nicht so schwer fällt neue Töne zu mischen. Zur Hilfestellung malt man sich am besten einen eigenen Farbkreis auf. So festigt man das Verständnis von Grundfarben und Komplementärfarben noch stärker.

ANNA HIMPFEN

Die Farbenlehre haben die meisten ja schon in der Schule durchgenommen, aber oft bleibt es einem einfach nicht im Gedächtnis. Wir haben im Kurs nochmals die Farbenlehre wiederholt, indem wir unter anderem den Farbkreis besprochen haben. Ich kann mir den Farbkreis einfach nicht merken. Darum haben mir die Übungen zu den Primär- und Komplementärfarben viel gebracht.

Wir haben die Farbenlehre auf ganz simple Beispiele angewendet. Es sollten eine Zitrone, eine Orange und eine Tomate mit Schatten gezeichnet werden. Im Schatten ist neben der Eigenfarbe und Blau auch die Komplementärfarbe zu der Farbe des Objekts wiederzufinden.

So habe ich mir einfach meine eigenen Bilder dazu eingeprägt:
Zitrone (gelb) – Violett im Schatten
Orange (orange) – Blau im Schatten
Tomate (rot) – Grün im Schatten

THEMENARBEIT – DIE SUCHE NACH OBJEKTEN

RENATA LAJEWSKI

Wenn dann endlich die eigentliche, themenbezogene Arbeit beginnt, herrscht ein buntes Treiben im Raum und viele skurrile Objekte zieren die Tische. Hier eine Barbietoilette, dort ein Holztisch mit Stuhl und vieles mehr. Jetzt werden Skizzen zum eigenen Thema angefertigt und die Suche nach geeigneten Objekten beginnt. Manchmal dient das Internet, mal der Keller als Fundort. An dieser Stelle bemüht sich jeder Teilnehmer, interessante und geeignete Objekte zu seinem Thema zu finden.

Die Techniken und Werkzeuge sind nun fast allen Teilnehmern bekannt und vertraut, die später hinzugekommenen Quereinsteiger haben in dieser Phase noch zu jeder Zeit die Möglichkeit, Fragen zu stellen und sich Dinge erklären zu lassen. Jetzt spielt das Brainstorming eine große Rolle.

Jeder Kursteilnehmer, der in die Mappengruppe eingestiegen ist, hat ja ein selbstgewähltes Thema mitgebracht. Dabei sollte das Thema im Idealfall aus einem eigenen Interessengebiet kommen und natürlich auch zum ausgewählten Studium passen. Das Brainstorming umfasst alle Gedanken zum gewählten Thema und sollte möglichst vielfältig sein, Beispiele sind in diesem Buch einige Seiten zuvor zu lesen. Ab jetzt arbeiten alle Schüler fast nur noch nach themenbezogenen Objekten.

Alle Auseinandersetzungen mit dem eigenen Thema und die sich daraus entwickelnden Arbeiten werden im Skizzenblock dokumentiert, so auch die Hausaufgaben. Ich konfrontiere die Schüler allerdings auch mit der Aufgabe, sich mit einem »Fremdthema« – also beispielsweise dem Thema eines anderen Schülers – auseinanderzusetzen. Dies fördert nicht nur die Flexibilität, sondern erweitert außerdem das Blickfeld, weshalb diese neue Sicht- und Herangehensweise auch für das eigene Thema von großem Nutzen sein kann.

Es wird nun auch besprochen und versucht, spezielle Techniken auf das eigene Thema anzuwenden, dazu können etwa Glas-, Metall- oder Gewebedarstellungen gehören. Auch der spielerische Umgang mit dem Bildaufbau in Bezug auf richtungsweisende Linien, Perspektiven oder Objekte findet hier seinen Einsatz. Metamorphosen, Fotografie und alternative Drucktechniken werden vorgestellt und besprochen, um die Darstellungsmöglichkeiten für jeden Einzelnen zu erweitern.

Von nun an wird nicht mehr nur mit der Darstellung realer Objekte gearbeitet, vielmehr rückt der eigene Bezug zum Thema bzw. die individuelle Sichtweise des Schülers mit seiner ebenso individuellen Aussage in den Mittelpunkt. Ich mache den Kursteilnehmern nun diverse Angebote, werfe ihnen Bälle zu, um ihre Schöpfungskraft zu wecken. Das kann eine Buchempfehlung sein, ein Stapel Fachzeitschriften oder die Beschreibung eines Gefühls in bestimmten Situationen. Diese Angebote anzunehmen oder nicht, ist jedem Schüler selbst überlassen. Letztlich soll es eine Hilfe sein, um zu neuen Anregungen und Sichtweisen für das eigene Thema zu kommen. Ziel ist es, eine eigene authentische Ideenwelt entstehen zu lassen und sie in der Folge so umzusetzen, dass sich diese Ideen auch anderen erschließen, nämlich den Betrachtern der Arbeiten.

Auf Mappenvorbesprechungstermine, Mappendurchsichtstermine oder Infoveranstaltungen an den jeweilgen Fachhochschulen oder Universitäten weise ich meine Schüler dann hin, wenn eine bestimmte Anzahl an Arbeiten vorliegt. Solche Termine wahrzunehmen, um ein konkretes Feedback von der jeweiligen Schule zu erhalten, ist für die Schüler eine ebenso große Hilfe wie für mich, denn so erhalten wir Hinweise darauf, ob der eingeschlagene Weg der richtige für den gewünschten Studienort ist oder nicht.

THEMENARBEIT
REALE OBJEKTE

Zum Thema »runde Form« oder »Perspektive« eignen sich alle möglichen Objekte, hier als Beispiele ein Seestern und eine Schere.

Bei dem Dynamo müssen die Ellipsen noch geübt werden.

MARIE THERES SCHLIERKAMP

Reale Objekte begleiteten und begleiten mich eigentlich mehr oder weniger die ganze Zeit, wenn ich an Skizzen oder Arbeiten zeichne. Einfach aus dem Grund, dass man sie aus allen möglichen Perspektiven betrachten kann und so Details entdeckt, die man auf einem Foto nicht gesehen hätte. Damit trainiert man seine Wahrnehmungs- und Darstellungsfähigkeit, denn auf einem Foto sind Perspektive sowie Licht und Schatten bereits vorgegeben.

Es ist immer wesentlich schwieriger, ein echtes Objekt zu zeichnen als eines auf einer Fotografie. Zu Beginn des Kurses kamen wir zunächst mit Äpfeln, Kürbissen, Seilen oder Maiskolben in Kontakt, dann mit Holzklötzen und Puppenmöbeln für die Perspektiv-Übungen und später in der Mappenarbeit mit Gegenständen zu unserem ganz eigenen Thema. ∎

JULIA SONNENSCHEIN

Das wichtigste ist erst mal: NIE vom Foto abzeichnen! Denn dort sind einem die Proportionen und der Bildaufbau schon vorgegeben und das ist uns ja zu einfach für angehende Designer. Natürlich sieht man auch, ob jemand vom Bild abgezeichnet oder es sich selbst erarbeitet hat. Zu Anfang haben wir viele Kürbisse, Maiskolben, Bauklötze, Lokomotiven usw. abgezeichnet, da musste man sich erst mal daran gewöhnen, dass man den Kürbis nicht in Originalgröße abbilden kann, da das Blatt ja um einiges größer ist und der Kürbis dann darin verschwunden wäre. Auf jeden Fall ist es wichtig, sich reale Objekte als Vorlage zu nehmen. ∎

MAREEN SPIEGELHOFF

Wenn man sich mit seinem Thema beschäftigt, kommt man schnell zu dem Schluss, dass man ohne Vorlagen nicht sehr weit kommt. Meist hat man die Proportionen der Gegenstände, die man zeichnen oder malen möchte, nicht richtig vor Augen und benötigt entweder gute Bilder oder auch Objekte zum Anfassen.

Bei realen Objekten kann man sich die Proportionen besser klarmachen, jedoch ist es schwieriger, die richtige Perspektive dabei zu treffen. Als Hilfe kann man auch Fotos von diesen Objekten machen und lernt so besser zu »sehen«.

Um gute Objekte aufzutreiben, muss man gar nicht so viel Geld aufbringen. Zum einen hatte Renata meist gute Hilfsmittel für uns, und außerdem kann man in seinen alten Kindersachen suchen. Dort findet man oft gute Figuren oder Stofftiere, die natürlich reale Proportionen haben müssen. Darüber hinaus findet man auch in gut sortierten Büchereien schöne Kinderbücher mit Pop-Ups, von denen man sich inspirieren lassen kann.

Nach kurzer Zeit hatte ich schon ein Auge dafür entwickelt, was ich alles gebrauchen könnte. Ich habe auch im Urlaub oft Fotos gemacht, die ich dann für meine Mappe verwenden konnte. Eigentlich kann man jeden Tag neue Sachen für seine Mappe beschaffen, auch wenn es mal der Zoo ist oder einfach nur ein Spaziergang, bei dem man »zufällig« die Kamera mitnimmt. ∎

ANNA HIMPFEN

Als ich mit meinem Brainstorming fertig war, fiel mir die Suche nach Objekten zum Zeichnen relativ leicht. Gerade für Modedesign lassen sich viele geeignete Objekte im eigenen Umfeld finden. Neben der Umsetzung des Themas gehören Faltenwürfe ebenso wie Kleidungsstücke im Allgemeinen in eine Modedesign-Mappe.

Ich habe also Küchentücher und diverse Kleidungsstücke gezeichnet. Auch Nähutensilien wie Nadel, Schere, Wolle etc. sind als Zeichenobjekte gut geeignet und in jedem Haushalt zu finden. Bei meinen Entwürfen habe ich mich häufig von Sehenswürdigkeiten der USA inspirieren lassen, um meinem Thema treu zu bleiben.

Reale Objekte werden dem Format angepasst und nicht in der tatsächlichen Größe gezeichnet. Sie müssen auch nicht 100%ig naturgetreu abgebildet werden. Wichtig ist, dass man den Charakter des Objekts erfasst. Zeichnet man beispielsweise einen Kürbis, muss nicht jede einzelne Pocke gezeichnet werden. Die Hauptsache ist, dass man den Kürbis an sich erkennt.

Zudem muss man nicht zwangsläufig das ganze Objekt wie in der Realität darstellen. Oft lässt man eine Zeichnung auslaufen, wie ich das beispielsweise bei meinen Küchentüchern gemacht habe. Der Charakter der Tücher ist erfasst, und das ist in diesem Falle völlig ausreichend. Hätte ich die Tücher beide komplett gezeichnet, wäre das Bild leblos und langweilig geworden. ∎

SKIZZENBLOCK

MARIE THERES SCHLIERKAMP

Der Skizzenblock war besonders in der Phase der Mappenerstellung ein wichtiger Bestandteil und eine Hilfe, da man sich mittels der Skizzen Stück für Stück an die Ausformung der Idee herantasten kann, so schon im Voraus die Ausarbeitung der Zeichnung vorbereitet und eventuellen Fehlern vorgreift, die man sonst bei der Arbeit machen würde. Dies hat zur Folge, dass man die eigentliche Arbeit, in der meist viel mehr Zeit steckt, nicht mehrmals neu beginnen muss.

Der Skizzenblock ist zudem ein wichtiger Bestandteil jeder Mappe, da die Professoren hieran die Entwicklung der eigenen zeichnerischen Fähigkeiten sowie die Herangehensweise und Entwicklung von Arbeiten erkennen können. Viele Hochschulen geben auch bereits vor, dass zusätzlich zur Mappe ein Skizzenblock mitzubringen ist oder doch zumindest gern gesehen wird.

Bei der Größe und Art des Skizzenblocks kann jeder für sich selber entscheiden, mit welchem Format oder Papier er oder sie am besten arbeiten kann. Im Mappenkurs haben wir einen 30 x 30 cm großen Spiralblock verwendet. Der Vorteil eines Spiralblocks liegt einfach darin, dass man die Reihenfolge der Skizzen beliebig ändern kann und sie so der Anordnung der Arbeiten in der Mappe angepasst werden kann.

THEMENARBEIT
SKIZZENBLOCK

MARIE THERES SCHLIERKAMP

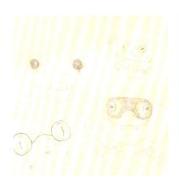

JULIA SONNENSCHEIN

Als wir mit den Arbeiten zu unserer Mappe anfingen, mussten wir auch parallel einen Skizzenblock erstellen. Der sollte quadratisch sein, weil das besser aussieht. Auf jeden Fall habe ich im Skizzenblock gezeichnet, wenn ich eine neue Idee zu einer Arbeit hatte oder auch konkret an einer Arbeit gefeilt habe, außerdem auch grundlegende Objekte. Bei meinem Thema »Mit Hand und Fuß« habe ich am Anfang nur Hände und Füße in den Skizzenblock gezeichnet. Die Skizze sollte Vorlage für die fertige Arbeit sein. Auch wenn man manche Skizzen nicht umsetzt, so zeigen sie doch im Block den Professoren, dass ihr ideenreich seid und euch Gedanken gemacht habt.

THEMENARBEIT | **MAPPENSCHÜLER** 65

THEMENARBEIT
SKIZZENBLOCK

MAREEN SPIEGELHOFF

Ich war letztens erstaunt, wie viele Skizzenblöcke ich bisher schon verbraucht habe. Aber im Austausch mit anderen habe ich erfahren, dass es gar nicht so ungewöhnlich ist, wenn man sieben bis acht Skizzenblöcke auf dem Weg zur Mappe benötigt. Der Skizzenblock dient bei mir oft dazu, schon mal eine Idee festzuhalten, die ich so aber nicht in der wöchentlichen Besprechung abgeben möchte, und die eigentlich noch gar nicht vollendet ist. Der Block kann auch zur Motivation dienen. Wenn man nach einer längeren Zeit im Kurs seine ersten Arbeiten anschaut, kann man selbst schon eine Entwicklung sehen und sich dann darüber freuen, die Fehler zu sehen, die man vorher noch gar nicht verstanden hatte. Vielleicht entwickelt man durch die Übung auch immer wieder neue Stile, aber verliert die alten nicht. So kann man auch gut bei der Mappenvorstellung seine Entwicklung zeigen. Durch den Skizzenblock kann man seine Lernfähigkeit und seine Vielfalt beweisen.

ANNA HIMPFEN

Der Skizzenblock sollte dein treuer Begleiter sein! Manchmal kommen einem die besten Ideen unterwegs, wenn man nicht damit rechnet. Um ehrlich zu sein, habe ich meinen jedoch nie mit mir rumgetragen.

Er war mir einfach zu schwer und unhandlich. Ich hatte jedoch immer ein kleines Notizbuch dabei um mir meine spontanen Ideen direkt zu notieren, damit ich sie dann zu Hause umsetzen konnte.

Ich habe viele Skizzenblöcke gebraucht. Natürlich sind auch viele Sachen »Müll« und nicht weiterzuverwenden, aber das ist ganz normal. Am Anfang dachte ich noch, man könnte die Arbeit doch besser direkt in Groß umsetzen um Zeit zu sparen, aber da hat mich Renata eines besseren belehrt.

Die Professoren möchten Entwicklungen und verschiedene Stadien sehen und das ist allein anhand der fertigen Arbeit nicht mehr zu erkennen. Daher sind Skizzenblöcke bei der Mappenabgabe sehr erwünscht und sinnvoll!

Am Ende werden aus allen Skizzenblöcken die besten Arbeiten aussortiert und zu einem neuen Skizzenblock zusammengefügt. Der Skizzenblock wird in der gleichen Reihenfolge wie die Arbeiten in der Mappe angelegt, um so die Idee und die Entstehung der fertigen Arbeit zu dokumentieren und dem Betrachter genauer rüberzubringen.

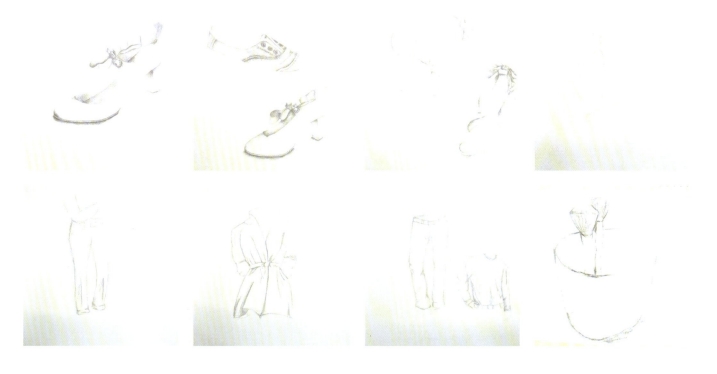

THEMENARBEIT
SKIZZENBLOCK

THEMENARBEIT
VERSCHIEDENE TECHNIKEN

MARIE THERES SCHLIERKAMP

In meinen Mappen habe ich vor allem mit Mischtechniken gearbeitet. Ich habe also mehrere Materialien wie zum Beispiel Kohle, Acryl und Pastell kombiniert, teilweise jede einzeln in einer Arbeit, teilweise in direkter Kombination. Es sieht meist interessanter aus, wenn man sich die Vorteile und Effekte des jeweiligen Materials zunutze macht und mehrere in einer Arbeit miteinander kombiniert. Jedoch kann auch eine Technik für sich allein das Interesse des Betrachters wecken und eine spannende Arbeit ergeben.

Welcher Technik und welchen Materials man sich letztendlich bedient, hängt natürlich stark vom Abzubildenden und seiner Intention ab. Im Endeffekt ist es in dem meisten Fällen aber wohl die Vorliebe des Künstlers für z. B. Kohle, die ihn dazu veranlasst mit diesem Werkzeug zu arbeiten. Sollte man sich mit einem Material so gar nicht anfreunden können, halte ich es für wenig sinnvoll, seine Arbeiten damit anzufertigen, denn im Ergebnis würde es sich wahrscheinlich negativ auf die jeweilige Arbeit auswirken.

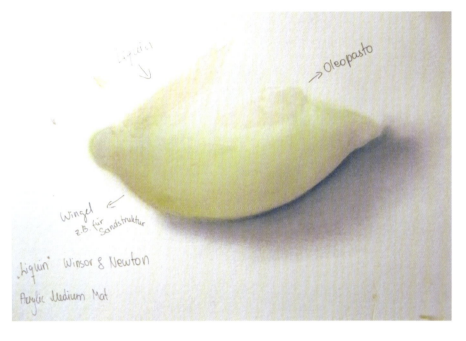

Mischtechnik Pastell/Stabilo

Pastell mit dem Spachtel fixiert

In diesem Bild war zu wenig Geschwindigkeit. Es war zu blass. Mit ein wenig Tusche der Rohrfeder und Pastell haben wir das Fehlende ergänzt.

Kunstnacht: Das Ausprobieren der vorgestellten Techniken

JULIA SONNENSCHEIN

Die verschiedenen Techniken haben wir in der Kunstnacht gelernt. Da haben wir dann die ganze Nacht mit Buntstiften gezeichnet, mit Pastellkreiden gemalt, mit Aquarell gemalt, gefalzt, mit Glas gedruckt u. v. a. m. War total interessant. Wenn ich nicht so müde gewesen wäre, wäre ich auch noch länger geblieben. Das ist das einzige Manko an der Sache: Dass es eben so spät wird. Ansonsten macht es auf die Professoren immer einen guten Eindruck, wenn ihr verschiedene Techniken in euren Arbeiten anwendet.

ANNA HIMPFEN

In einer so genannten »Kunstnacht« haben wir verschiedene Techniken und Werkzeuge kennen gelernt, die wir dann direkt ausprobieren konnten. Darunter waren unter den uns geläufigen Werkzeugen wie Buntstifte etc. auch verschiedene Malmittel, von denen ich vorher noch nie etwas gehört hatte. Von alleine wäre ich nie auf die Idee gekommen, diese in meine Bilder mit einfließen zu lassen! Ich persönlich bin mittlerweile ein großer Fan von dem Malmittel Oleo Pasto, das ich beispielsweise bei meinen Kohleportraits oder meiner Ballerina verwendet habe. (Zu Beginn mochte ich es überhaupt nicht!!)

Auch die Nitro-Frottage wurde uns an diesem Abend näher gebracht. Mithilfe von Nitro-Verdünner Schrift oder Fotos in unsere Bilder einzufügen hätte ich vorher nie für möglich gehalten! Es ist so einfach und doch so wirkungsvoll! Ich habe meine ganzen Beschriftungen und Fotos mit diesem Verfahren in meine Bilder eingearbeitet.

Die Kunstnacht ist länger als die normalen Unterrichtseinheiten. Aber es war schön, innerhalb der eigenen Gruppe rumzuexperimentieren und neue Techniken und Werkzeuge kennenzulernen. Ich persönlich mag keinen trockenen Theorieunterricht, daher war die Kunstnacht mit dem Motto »learning by doing« genau das Richtige für mich. Renata hat die schöne Lernatmosphäre noch mit Tee und belegten Brötchen abgerundet, und somit war auch für unser leibliches Wohl gesorgt!

Kunstnacht. Das Ausprobieren der verschiedenen neu erlernten Techniken

Anna setzt noch schnell eine Aquarellskizze auf ein DIN-A2-Format um.

THEMENARBEIT
HAUSAUFGABEN

MARIE THERES SCHLIERKAMP

Die Hausaufgaben in jeder Woche waren ein fester Bestandteil des Kurses. In der Zeit der Grundlagen sollten wir jede Woche mindestens zehn Skizzen mitbringen, um das, was Renata uns an Theorie vermittelte, umsetzen zu lernen. Diese wurden auf ihre Stärken und auch besonders ihre Schwächen hin besprochen, um die gemachten Fehler beim nächsten Mal vermeiden zu können.

In der Anfangsphase der Mappe waren es dann keine Äpfel oder Bauklötze mehr, sondern dem Thema entsprechende Gegenstände, die geübt werden sollten. Im weiteren Verlauf der Mappenerstellung wurden die Hausaufgaben zur Aufforderung, sich mit der erhaltenen Kritik zu seinen Arbeiten auseinanderzusetzen und diese dementsprechend zu verbessern. ∎

ANNA HIMPFEN

Hausaufgaben waren ein MUSS! In der Hinsicht ist mit Renata nicht zu spaßen! Ja, ja: Zu unserem eigenen Fortkommen natürlich.

Die Hausaufgaben bestanden meist darin, die im Unterricht gelernten Dinge zu Hause zu vertiefen und zu üben. Zu Beginn der Grundlagen mussten wir zum Beispiel mit einem Stabilo Point (Fineliner) Äpfel, Maiskolben, Seile, Korbgeflechte, Kürbisse, etc. zeichnen und die zehn besten zur nächsten Stunde mitbringen. Dabei spielte es keine Rolle, ob du 60 Stück gezeichnet hattest! Renata verlangte zehn gute Arbeiten!

Wobei es am Anfang kaum einer schafft zehn gute Arbeiten mitzubringen! Aber der Wille zählt!

Wenn man mit den Grundlagen durch ist und mit der eigentlichen Arbeit an der Mappe beginnt, bestehen die Hausaufgaben hauptsächlich aus neuen Skizzen und Verbesserungen der alten Anfertigungen, die bereits besprochen und noch nicht für gut genug befunden wurden.

Der Unterricht besteht dann hauptsächlich aus den Besprechungen der Arbeiten, was wiederum zeigt, wie wichtig die Hausaufgaben für den Unterricht und einen selber sind! ∎

JULIA SONNENSCHEIN

Hmm. Naja, also wenn wir an etwas gearbeitet haben und Renata gesehen hat, dass da noch Übungsbedarf besteht, wie bei mir bei den Verläufen, die ich partout nicht hinbekommen habe, dann mussten wir das ganz oft zu Hause üben, um es in die Birne zu bekommen. Und dann haben wir es zum nächsten Mal wieder mitgebracht und entweder war's dann besser oder eben nicht. ∎

MAREEN SPIEGELHOFF

Die Hausaufgabe, jede Woche zehn Arbeiten vorzulegen, hört sich erst einmal gar nicht so schwer an. Jedoch finde ich es manchmal gar nicht so einfach, neben den ganzen anderen Dingen, die man neben dem Mappenkurs macht, auch immer genug Konzentration auf seine Arbeiten zu legen. Ich glaube nicht, dass man es ohne diese Hausaufgaben schaffen könnte, seine Fähigkeiten im Zeichnen und Malen wirklich zu verbessern. ∎

Bei der Hausaufgaben-Korrektur lege ich oft selbst Hand an und zeige an einem Beispiel, wie der Schüler das, was er zum Ausdruck bringen wollte, noch besser darstellen kann. So wie hier: Ich demonstriere der Schülerin, wie sie mit Pastell das Material Sand am effektivsten darstellen kann. Damit es eine natürliche Wirkung hat, kratze ich an der Pastellkreide. ∎

MATERIAL- UND STRUKTURDARSTELLUNGEN

MARIE THERES SCHLIERKAMP

Im Bereich der Struktur- und Materialdarstellung habe ich mich hauptsächlich mit den Gegenständen beschäftigt, die den Frosch sowie die jeweilige Arbeit betrafen, wie ein Eimer oder eine Geige. Da die Darstellung von Metall oder Glas in meinem Thema nicht unbedingt erforderlich ist, habe ich mich hiermit auch nicht über die eine oder andere Skizze hinausgehend befasst.

Die präzise Wiedergabe der Oberflächenbeschaffenheit eines Motivs kann eine sehr mühselige und langwierige Angelegenheit sein, das Ergebnis entschädigt aber häufig am Ende für den Aufwand. In meiner Mappe habe ich z.B. im Rahmen der Darstellung eines Froschauges die Adern im Auge und die Hautschuppen darum herum nachbilden müssen, um so dem Betrachter eine möglichst reale Wiedergabe des Motivs zu liefern. ▪

JULIA SONNENSCHEIN

Also wenn man jetzt beispielsweise eine Schere zeichnet, sollte sie danach auch wie eine aussehen, das heißt nicht nur von der Form und Farbe her, sondern auch vom Material, in dem Fall wie Metall. Darauf muss man sehr achten. Außerdem auf Strukturen, z. B. bei einem Juteseil sollte man auch das Gekräuselte sehen und nicht nur, dass das Seil gewunden ist. ▪

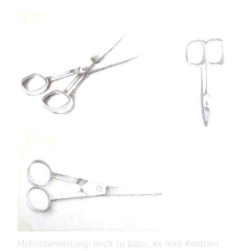

Metalldarstellung: noch zu blass, es fehlt Kontrast

Metalldarstellung mit mehr Kontrast, jedoch ein wenig zu hart

Malen und Zeichnen im Atelier

Mappenkurse

- Naturzeichnen
- Sachzeichnen
- Freies Zeichnen
- Aquarellmalerei
- Acrylmalerei
- Ölmalerei
- Vorbereitung auf ein Kunst- oder Design-Studium

Lehrerfortbildungskurse

Kunstschule und Atelier
Irene Schuh
Bethmann-Hollweg-Straße 10
60599 Frankfurt
Tel.: 069 / 65 83 34
www.atelier-is.de

THEMENARBEIT
BILDAUFBAU

MARIE THERES SCHLIERKAMP

Bei meinen Arbeiten habe ich darauf geachtet, dass, wie Renata uns gelehrt hat, das Objekt nicht genau in die Mitte gerückt ist, da so selbst ein schön ausgearbeitetes Motiv leicht langweilig wirken kann. Daher wurde auch entsprechend der das Objekt dominierenden Richtung mal nach links, rechts, oben oder unten positioniert. Im Vordergrund der Positionierung steht hierbei zuerst das Motiv, das den Schwerpunkt der Arbeit darstellt. Die anderen Objekte werden meist nach diesem ausgerichtet.

Sowohl bei reinem Bild- als auch bei Bild- und Texteinsatz sollte aber immer darauf geachtet werden, dass die Bestandteile der Arbeit durch den Bildaufbau die gewünschte Wirkung bzw. die Intention des Bildes unterstützen.

MAREEN SPIEGELHOFF

Bevor man anfängt etwas zu zeichnen oder zu malen, muss man sich klar darüber sein, was man alles auf das Bild bringen möchte. Wenn man ohne Plan drauflos zeichnet, kann das natürlich gut gehen, aber es kann auch sein, dass die einzelnen Objekte überhaupt nicht zusammenpassen.

Da ich oft Tiere zeichne, muss ich immer darauf achten, dass deren Blicke zum Beispiel nicht ins Leere laufen. Oder wenn mehrere Tiere auf einem Blatt sind, müssen sie miteinander kommunizieren, sonst weiß man als Betrachter nicht mehr, wohin man schauen soll oder wohin der Blick gleiten soll. Schlimmstenfalls bewirke ich mit dem falschen Bildaufbau, dass der Blick des Betrachters direkt nach dem ersten Objekt aus meinem Bild hinausgleitet, wenn die verschiedenen Objekte nicht miteinander harmonieren. Das ist ja nicht der Effekt, den ich erreichen möchte, sondern dass sich der Betrachter sehr lange mit meinem Bild beschäftigt.

Auch wenn man nur ein Objekt auf einem Blatt zeichnet, kann man sehr viel falsch machen. Man muss zum Beispiel den goldenen Schnitt beachten, der mir nach kurzer Zeit theoretisch schon klar war. Jedoch hatte ich immer wieder das Problem, dass mein Objekt, wenn ich angefangen habe zu zeichnen, viel zu groß geworden ist und mein ganzer Bildaufbau nicht mehr stimmte. Nach kurzer Zeit wird man viel sicherer, allerdings werfe ich noch heute viele angefangene Blätter weg, bei denen ich einfach nicht die Größe des Objektes abschätzen konnte.

Auch die Aussage des Bildes kann man mit dem Bildaufbau beeinflussen. Wenn man ein Objekt nach links oder rechts schauen lässt, so kann man damit den Blick in die Zukunft oder in die Vergangenheit darstellen.

ANNA HIMPFEN

Früher habe ich mir recht wenig Gedanken über den formalen Aufbau meiner Bilder gemacht. Ich habe meistens einfach drauflos gezeichnet. Jetzt mache ich mir über verschiedene Sachen schon Gedanken, bevor ich überhaupt einen Strich setze.

Es fängt mit der Formatwahl an. Ich muss mich entscheiden, ob ich ein Hoch- oder Querformat wähle, was beispielsweise von der Position meines Objekts und seines Schattens abhängt.

Auch der goldene Schnitt ist zu berücksichtigen. Man muss darauf achten, dass die gezeichneten Objekte nicht optisch aus dem Bild fallen. Das Bild sollte in sich harmonisch und für den Betrachter angenehm zu betrachten sein.

Daher muss unter anderem auch überlegt werden, ob es richtungsweisende Linien gibt, die beachtet werden müssen, um die Objekte richtig positionieren zu können.

LYNN SCHNEIDER

Auch dieses Thema verdeutlichte uns Renata an Hand von realen Objekten. Dies hat mir geholfen, die Inhalte besser und schneller zu begreifen. Wir fanden heraus, dass der Schatten uns drei Informationen gibt: Zum einen, wie ich das Objekt zu positionieren habe, ob im Hoch- oder Querformat. Zum zweiten gibt er mir vor, an welcher Stelle mein Objekt am hellsten ist. Zuletzt wird auch die Positionierung des Objekts vom Schatten bestimmt, also ob es mehr links oder rechts auf dem Format platziert werden sollte. Ich muss zugeben, dass mir die Dinge jetzt so klar sind, dass ich nicht mehr darüber nachdenken muss. Das hat anfangs jedoch noch anders ausgesehen.

METAMORPHOSEN

MARIE THERES SCHLIERKAMP

Metamorphosen sind zwar eine vielgenutzte und häufig gesehene Methode sich mit einem Thema auseinanderzusetzen, können jedoch – denke ich – bei ordentlicher Ausführung dennoch zu einer sehr interessanten und guten Arbeit führen. Hierbei stehen jedem die unterschiedlichsten Möglichkeiten offen, wie er oder sie sich diese Technik zunutze machen will.

In meiner Frosch-Mappe habe ich in der Arbeit zum Thema Vegetarismus zwei Varianten von Metamorphosen genutzt. Durch die Nutzung des Wortes »Fliege« sowohl für das Kleidungsstück als auch für das Insekt auf die Idee gekommen, zeichnete ich die Verwandlung eines Frosches, der eine Fliege verspeist, zur Krawatte in einem Schritt, die Metamorphose von der Fliege (Insekt) zur Fliege (Kleidungsstück) jedoch in mehreren Übergängen.

JULIA SONNENSCHEIN

Metamorphosen sind echt was für sich. Ich persönlich finde es sehr spannend Metamorphosen zu kreieren, doch es braucht auch einiges an Übung. Man muss halt erst einmal anfangen um zu sehen, wo eventuell noch ein Schritt fehlt oder wo noch was zu verbessern ist. Nur Mut: Es lohnt sich.

MAREEN SPIEGELHOFF

Metamorphosen kann man so gestalten, wie man möchte. Dabei ist die eigene kreative Ader gefragt. Entweder kann man sie mit komischen Namen aufpeppen, oder einfach entfernt ähnliche Objekte miteinander verbinden. Ich hatte am Anfang manchmal enorme Probleme, wirklich so weit vom Ursprungs- zum Ziel-Objekt abzuweichen. Letzten Endes war das dann auch gar nicht so weit, aber man lernt dabei zwangsläufig, seine Vorstellung vom eigentlichen Objekt zu lösen.

ANNA HIMPFEN

Auch wenn ich Metamorphosen mag, waren sie für meine Modedesign-Mappe nicht relevant, und so habe ich diese Techniken nicht umgesetzt.

Metamorphose – Fliege

Acryl

Metamorphosen: Die Augen bilden den Schwerpunkt.

THEMENARBEIT
PERSPEKTIVE

MARIE THERES SCHLIERKAMP

Ein Objekt oder eine Szenerie perspektivisch korrekt darzustellen, kann zu einer sehr schwierigen Aufgabe werden. Die Perspektive war wahrscheinlich der Bestandteil des Kurses, mit dem ich die meisten Schwierigkeiten hatte.

Zu Anfang sollten wir zunächst Bauklötze in verschiedenen Ansichten mit ein, zwei oder drei Fluchtpunkten zeichnen. Deren Senkrechten sollten auf den Millimeter genau parallel zur Senkrechten des Papiers sein ohne mit einem Lineal nachzumessen, nur mit Hilfe eines Transparents oder eines gerade geschnittenen Stücks Papier.

Nach diesen Objekten kamen Holzpuppenmöbel, die durch ihre Form natürlich schwieriger korrekt umzusetzen waren. Diese Übungen ließen mich, besonders nach Dutzenden vorangegangener Skizzen, teilweise wirklich verzweifeln und dann auch mit nicht eben viel Motivation weiterzeichnen. Aber es wurde besser. Es gab mit zunehmender Menge an verbrauchtem Papier immer weniger Fehler, sodass ich diese Grundlagenübungen endlich hinter mir lassen konnte.

Auch heute noch, nach der Mappe und kurz vorm Studium, muss ich noch einiges an meiner perspektivischen Darstellung tun, um nicht wieder in die gleichen falschen Herangehensweisen zu verfallen und meine Zeichnungen stetig verbessern zu können. ∎

JULIA SONNENSCHEIN

Die Perspektive ist an sich schon ein leidiges Thema, wie ich finde, da es am Anfang viel zu viel auf einmal ist, was man alles beachten und auch lernen muss. Aber sie ist wichtig, denn man möchte ein Objekt ja auch möglichst realistisch aussehen lassen und nicht voll daneben hauen.

Bei der Perspektive gibt es verschiedene Regeln, an die man sich halten muss, damit ein Objekt realistisch dargestellt werden kann. Sehr schwierig war es, gerade Linien freihand zu zeichnen, denn man durfte kein Lineal benutzen. Außerdem muss man auf die Senkrechten achten, da sie parallel zur Bildkante verlaufen, d. h. sie müssen exakt gezogen werden.

Naja, aber wenn man es einmal verstanden hat und sich bemüht, es nicht wieder zu vergessen, dann ist es irgendwann gar nicht mehr so schwer. ∎

MAREEN SPIEGELHOFF

Die Übungen zur Perspektive machten mir erst einmal bewusst, wie »falsch« man eigentlich sieht. Wenn ich ein Objekt in einer bestimmten Perspektive zeichne, hilft es mir wirklich, dieses Objekt mit dem Bleistift abzumessen. Nach und nach fällt es einem auch schneller auf, wenn man falsche Verhältnisse in einem Objekt gezeichnet hat. Auch das Konstruieren von Kästchen hilft, überhaupt einen Überblick über den Raum zu bekommen, in dem man das Objekt zeichnen möchte. ∎

ANNA HIMPFEN

Die Perspektive wurde während der Grundlagenlehre durchgenommen. Wir haben zunächst anhand von Bauklötzen die Fluchtpunkte bestimmt und sie aus verschiedenen Perspektiven gezeichnet.

Später versuchten wir uns dann an Möbeln und diversen anderen Gegenständen. Bei räumlichen Darstellungen sind Perspektive und Fluchtpunktbestimmung ebenso wichtig wie bei Darstellungen von Gegenständen. Es ist auch sehr wichtig, sich über die Perspektive im Voraus Gedanken zu machen. Eine gut gewählte Perspektive kann die ganze Arbeit aufwerten und zunächst langweilig erscheinende Objekte interessant wirken lassen. ∎

LYNN SCHNEIDER

Die Fluchtpunktperspektive war nicht gerade mein Lieblingsthema. Man muss exakt arbeiten, sonst sieht man sofort, dass Fehler vorhanden sind. Gerade Linien zu zeichnen war für mich eine echte Herausforderung, und ich tat mich anfangs auch schwer die Regeln zu verstehen. Nun ja, die habe ich mittlerweile zum Glück verstanden!

Gerade hier haben mir Renatas Bauklötze geholfen. Damit hat sie uns die Perspektive verdeutlicht, und ich konnte die Dinge schnell nachvollziehen. Zur Kontrolle unserer Arbeiten haben wir Transparentpapier verwendet, um unsere Linien zu verlängern und so deren Verlauf zu verfolgen. ∎

Die Senkrechten sind nicht parallel zur Bildkante.

TIPP

Beim Thema Perspektive habe ich zum Beispiel zwei Stühle auf dem Tisch platziert, die zu zeichnen sind.

So achte ich hier neben der korrekten perspektivischen Darstellung auch darauf, dass ein Schwerpunkt gelegt wird. Das heißt, der Schüler entscheidet selbst, welche Stelle er hervorheben möchte. Anschließend besprechen wir, ob diese Wahl sinnvoll war, oder eine andere Stelle vielleicht interessanter gewesen wäre. Der Schüler muss lernen Entscheidungen zu treffen.

WERKSTOFF PAPIER

MARIE THERES SCHLIERKAMP

Den Werkstoff Papier habe ich, besonders was Pop-Ups betrifft, erst bei Renata richtig zu schätzen gelernt. Vor dem Kurs habe ich nie mit diesen Falttechniken gearbeitet, mich einfach nie an diese Technik herangetraut. Doch nach und nach probierte ich immer mehr in dieser Richtung aus, wobei die vielen Bücher von Renata, die unzählige Varianten von tollen Pop-Ups zeigten, sicherlich ausschlaggebend waren.

So begann ich zunächst mit relativ einfachen Pop-Ups, wie bei meiner typografischen Auseinandersetzung mit dem Thema Beute, die hinter den versteckten Wörtern der Beutetiere eines Frosches Türen mit Zeichnungen der entsprechenden Tiere enthält. Später habe ich dann auch schwierigere Pop-Ups in meine Mappe integriert, wie der in einen Brunnen springende Frosch.

Die kniffligsten, jedoch – wie ich finde – auch die interessantesten Pop-Ups habe ich dann in meine Hausarbeit über Essen einfließen lassen, wie die Beispiele mit dem Wal oder dem Pfefferstreuer zeigen.

Man muss allerdings auf jeden Fall dazu sagen, dass man bei Pop-Ups, ausgenommen die ganz einfachen, bei denen man z. B. lediglich etwas aufmacht, sehr viel Zeit und Nerven mitbringen muss. Häufig klappt ein Mechanismus beim ersten Mal nicht oder nicht so wie gewünscht, und es braucht manchmal mehrere Anläufe oder Verbesserungen und auch mal mehrere Stunden, bevor alles funktioniert. Wenn dann jedoch alles fertig ist, entschädigt das Ergebnis nicht selten für den Aufwand.

THEMENARBEIT
WERKSTOFF PAPIER

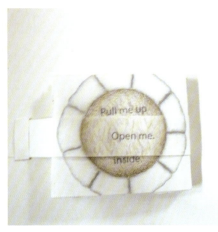  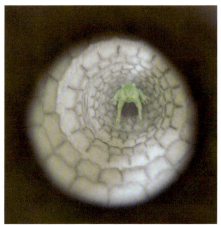

Pop-up

JULIA SONNENSCHEIN

Man kann ja Arbeiten nicht nur mit verschiedenen Mal- und Zeichentechniken ausführen, sondern auch beispielsweise noch zusätzlich mit Papier arbeiten z.B. in Form von Pop-Ups. Wer es mag – und ich zum Beispiel mag es sehr – kann seine Mappe mit Pop-Ups interessanter gestalten, da Pop-Ups meistens interaktiv sind. Das heißt man klappt beispielsweise etwas auf und es kommt einem etwas entgegen, oder man zieht an etwas und plötzlich erscheint etwas anderes. Einziges Manko ist, dass Pop-Ups meist sehr zeitaufwändig herzustellen sind, aber es lohnt sich auf jeden Fall.

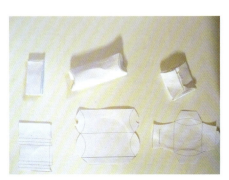

Exaktes Arbeiten ist das A und O.

Das ist ein schönes, sauberes Pop-Up.

Auszüge aus einer Hausaufgabe für Essen »Weniger ist mehr«

Pop-Ups und Typografie kann man auch kombinieren.

MAREEN SPIEGELHOFF

Mit Papier kann man so einiges machen, wovon ich zuerst gar keine Vorstellungen hatte.

Beim Arbeiten mit Papier muss man beachten, dass es ganz verschiedene Sorten Papier gibt, wie z. B. Karton. Karton ist fester und man kann dieses Material auch gut für Pop-Ups verwenden, die stabiler sein müssen, damit sie nicht sofort zerreißen.

Im Moment arbeite ich mit Aquarellpapier und möchte dieses wie einen Wasserhahn formen. Die Arbeit mit Aquarellpapier erfordert viel Geduld und sehr viel Fingerspitzengefühl. Denn erst nachdem man das Papier in Wasser eingelegt hat und es weich geworden ist, kann man es formen, jedoch ist es nach dieser Prozedur sehr empfindlich.

Eine weitere schöne Technik sind Pop-Ups. Bis jetzt hab ich zwar noch keine Arbeit mit ihnen verwirklicht, jedoch habe ich viele Ideen dazu und möchte diese Arbeiten auf einen späteren Zeitpunkt verschieben, um mich intensiv mit den Falttechniken auseinandersetzen zu können.

Ich habe bereits eine alternative Papiertechnik ausprobiert. Ich habe eine Wachsente direkt auf das Papier geträufelt und später nur noch einen Untergrund dazu mit Schminke gestaltet. Man möchte das Wachs am liebsten gleich anfassen, und wenn man dazu noch ein duftendes Wachs benutzt, riecht diese Arbeit auch gut und lässt die ganze Mappe duften. Es brauchte dennoch ein bisschen Zeit, bis ich mit dem Wachs sicher umgehen konnte und den Ruß an den richtigen Stellen für Schattierungszwecke verwenden konnte.

Eine andere Idee war ein Schiff, das ich direkt auf das Papier genäht habe. Dazu benötigte ich auch erst ein bisschen Erfahrung im Umgang mit Garn in Verbindung mit Papier. Zum Beispiel ist das Papier anfangs gerissen, wenn ich die Einstichlöcher zu nah aneinander gesetzt hatte. Aber nach kurzer Zeit wusste ich, an welchen Stellen das Papier schon zu sehr perforiert war und konnte es vermeiden. Danach habe ich dann das genähte Schiff auf eine große Arbeit umgesetzt.

ANNA HIMPFEN

Papier ist noch vielfältiger als man denkt. Natürlich weiß jeder, dass man auf Papier nicht nur malen und schreiben kann.

Aber ich hätte nicht gedacht, dass man mit einem bloßen Stück Papier allein mit Hilfe der Falttechnik ganze Gemälde oder beispielsweise Lampen gestalten kann! Beeindruckend!

Zudem kann man mit Papier auch nähen, was für meine Mappe interessant war. So habe ich beispielsweise einen Reißverschluss in eine meiner Arbeiten eingenäht.

Wachsente von Mareen

THEMENARBEIT
FOTOGRAFIE

MARIE THERES SCHLIERKAMP

Mit Fotografie habe ich mich vor allem vor und neben dem Kurs beschäftigt, um meine doch sehr spärlichen Kenntnisse zu erweitern. Dies betrifft sowohl die Belichtung und den Bildausschnitt als auch die Perspektive und die Entfernung, aus der das Objekt fotografiert wird.

Meine Makroaufnahmen von Froschköpfen in der Mappe sind bereits ein paar Monate vor dem Kurs entstanden, als ich mich mit unserer einfachen Sucherkamera an unserem Teich auf die Lauer nach Fröschen gelegt hatte.

Sonst habe ich nur noch bei einer Arbeit Fotografien mit einfließen lassen, und zwar bei meinem Buch zum Froschkönig. Den unterschiedlichen Szenen liegen hier Fotografien zugrunde, die ich mit Nitrofrottage auf die Seiten des Buches gebracht habe. Zu erkennen ist dies aber nur noch auf den entsprechenden Skizzen im Skizzenblock.

Die Fotos sind durch Papierschablonen entstanden, welche ich an der Rückseite eines DIN-A2-Bogens fixiert und zu Szenen zusammengestellt hatte. Sie wurden dann mit einem Halogenstrahler von hinten beleuchtet und im Ausschnitt sowie in den Farben nachbearbeitet und ausge-

druckt. Insgesamt eine wahnsinnig aufwändige Arbeit, die bestimmt 1,5 – 2 Wochen in Anspruch genommen hat. Dafür entspricht mein Ergebnis nicht dem normalen Märchenbuch, sondern vereint Modernes durch die Straßenszene auf dem Cover und die Cola-Dose als Goldkugel und Klassisches durch die Schriftart des Märchentextes.

MAREEN SPIEGELHOFF

Ich beschäftige mich sehr viel mit Fotografie und kann meine Aufnahmen immer gut für meine Arbeiten verwenden, auch wenn sie nur Vorlagen sind.

Als ich zum Beispiel einmal im Zoo war, hatte ich meine neue Kamera mitgenommen und wollte sie ausprobieren. Dabei kamen eigentlich schon ganz schöne Fotos heraus. Als ich diese dann mit Photoshop ein wenig bearbeitete, kam ich dadurch auf eine neue Idee für eine Arbeit. Ich habe bunten Karton besorgt und mit Pastellstiften Wassertiere auf kleine Quadrate gezeichnet. Die Darstellung ist sehr minimalistisch, hat jedoch einen sehr großen Effekt, wenn man auch viel mit Weiß arbeitet. So kommt man durch Fotos nicht nur auf Ideen für Fotoarbeiten, sondern auf ganz andere Techniken, indem man sich mit seinen Bildern beschäftigt.

ANNA HIMPFEN

Für die Erstellung meiner Mappe war Fotografie nicht wirklich relevant, und so habe ich mich ihrer nur begrenzt bedient. Zum einen, um meine privaten Fotos von Sehenswürdigkeiten per Nitro-Frottage in meine Arbeiten einzubringen, und zum anderen, um eine Fotostrecke zur Verdeutlichung eines Entwurfs zu erstellen.

ALTERNATIVE DRUCKTECHNIKEN

MARIE THERES SCHLIERKAMP

An einigen Stellen habe ich meine Zeichnungen durch die eine oder andere gedruckte oder gestempelte Schrift unterstützt, um ihnen, wie Renata uns vorschlug, ein professionelleres Aussehen zu geben. Hierbei habe ich entweder mit Nitrofrottage Text aufgebracht oder aber mit Stempeln gearbeitet, die wir uns von Renata leihen durften.

Nebenbei habe ich aufgrund fehlender eigener Stempel mir auch noch meine eigenen gebastelt, indem ich mir eine serifenlose Schrift in mehreren Größen ausdruckte, die Buchstaben ausschnitt, sie auf Moosgummi klebte und dieses ausgeschnitten wiederum auf kleine Bauklötze. Dies ist zwar keine perfekte Stempelwerkstatt, erfüllt bis zur Anschaffung einer professionelleren auf jeden Fall aber ihren Zweck.

Bei einer Arbeit habe ich diese Technik dann auch besonders intensiv genutzt, und zwar bei dem komplett aus winzigen Buchstaben zusammengesetzten Frosch, der an einem Ast hängt und mich so ganz nebenbei fast in den Wahnsinn trieb.

Mischtechnik von Marie: Typografie und Illustration

JULIA SONNENSCHEIN

Man kann ja nicht nur mit dem Computer drucken, sondern wie in Kinderzeiten auch mit Stempeln Wörter aufs Papier bringen. Das bietet sich bei einem DIN-A2-Format meistens eher an, da man viel flexibler Wörter oder Buchstaben setzen kann. Stempel gibt es ja in verschiedenen Größen und Schriftarten und dann muss man sich halt was Passendes raussuchen. Bei Renata haben wir auch mit Bleibuchstaben arbeiten können, so hatten wir mehr Möglichkeiten, was Größe und Schriftart betraf. Ich habe sehr gerne mit den Stempeln gearbeitet, denn ich finde Schrift als Gestaltungsmöglichkeit sehr interessant.

Typografie

Tee/Kaffee-Lavierung

ANNA HIMPFEN

Mein Favorit ist einfach die Nitro-Frottage! Daher habe ich mich nicht wirklich mit anderen alternativen Drucktechniken wie beispielsweise dem Stempeln auseinandergesetzt.

Ich habe mehrmals Prägedruck-Skizzen angefertigt, sie jedoch nie in Groß umgesetzt. Was nicht heißt, dass ich diese Technik nicht mag! Das Prinzip vom Prägedruck ist simpel und wirkungsvoll. Es hat sich bei meiner Mappe einfach nicht so ergeben.

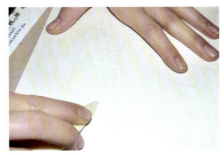

Prägedruck

PRÄSENTATION DER ARBEITEN – ERE ABSCHLUSS

RENATA LAJEWSKI

Zur Gestaltung einer Arbeit gehört auch die Präsentation der Arbeit. Es muss deshalb ein Konzept, eine Dramaturgie erarbeitet werden, wie die Arbeiten in ihrer Gesamtheit dargestellt und unterstützt werden können. Es sollte auch im Überblick eine Linie zu erkennen sein.

Dieser Arbeit am Präsentationskonzept wird in der Regel viel zu wenig Zeit eingeräumt. Viele meiner Schüler sind von dieser „neuen" Aufgabe überrascht, unterschätzen den Zeitaufwand und kommen dann zeitlich in erhebliche Bedrängnis.

Alle Arbeiten müssen zunächst sauber auf Passepartouts aufgezogen werden, meist darf auch ein Inhaltsverzeichnis nicht fehlen. Das Skizzenbuch sollte der Mappe ebenfalls beigelegt werden, um die Entwicklung der Arbeiten sowie weitere Gedanken und Einfälle des Schülers dokumentieren zu können. Dieses Skizzenbuch sollte eine eigene Lebendigkeit haben, Notizen und Bemerkungen enthalten und spontan und locker angelegt sein.

Kurz gesagt: Die Präsentation sollte den Weg zum Ergebnis dokumentieren

PRÄSENTATION DER ARBEITEN
SAUBERES AUFZIEHEN

MARIE THERES SCHLIERKAMP

Dies ist wohl der Part, dem ich ohne Renatas genaues Auge wenig bis gar keine Zeit und Aufmerksamkeit gewidmet hätte. Wenn überhaupt, wären meine Zeichnungen wohl irgendwie auf ein Passepartout geklebt worden.

Renata jedoch teilte uns mit, wir sollten die Seitenabstände bis auf den Millimeter vorher abmessen, kurz markieren und die Zeichnungen dann ohne Luftblasen oder abstehende Ränder festkleben, immer entsprechend der optimalen Positionierung von Zeichnung und Passepartout.

Keine sehr schwierige, dafür aber eine wesentlich zeitaufwändigere Sache, als man zu Beginn dachte. Fürs Aufziehen habe ich immer mit Fixogum gearbeitet, einem Kleber, der, sollte man sich mal verklebt haben, ganz einfach wegzureiben ist, wodurch sich auch bereits Festgeklebtes wieder lösen lässt. Pritt oder Uhu sind bei mir seitdem eigentlich nur noch selten in Gebrauch. ∎

ANNA HIMPFEN

Ist man endlich mit seinen Arbeiten fertig, steht einem noch das saubere Aufziehen bevor, was einige Zeit in Anspruch nimmt. Ich war knapp dran, da ich meinen Urlaub sehr ungünstig gelegt hatte. So musste ich quasi einen Monat vor dem tatsächlichen Abgabetermin mit meiner kompletten Mappe fertig sein.

In meiner Berechnung hatte ich leider dem Aufziehen und dem Gestalten des Skizzenblocks nicht sehr viel Zeit eingeräumt. Ich hatte vorher noch nicht mit Packpapier oder ähnlichem gearbeitet, so dass ich noch keine Arbeiten aufziehen musste.

Die Arbeiten müssen alle auf Passepartouts aufgeklebt werden, wobei die richtige Position des Bildes entscheidend ist. Zunächst wird das Bild nach dem Prinzip des goldenen Schnitts positioniert. Es muss nicht zwangsläufig mittig platziert werden. Das Gesamtbild muss stimmig sein! Meist wird das Bild etwas höher gerückt, um der »optischen Schwerkraft« entgegenzuwirken.

Dann wird alles nochmals gründlich nachgemessen um sicherzugehen, dass die Abstände an der jeweiligen Bildkante gleich sind und das Bild nicht schief fixiert wird. Es reicht hierzu zwei diagonal gegenüberliegende Ecken leicht mit einem Bleistift zu markieren.

Als Kleber ist am besten »Fixogum« geeignet. Es lässt sich leicht auftragen und wieder ablösen. Damit ist es halb so wild, wenn man sich mal „verklebt" hat oder das Bild verrutscht ist. Man sollte den Kleber nicht zu nah am Rand auftragen, da er sonst an der Bildkante austritt. Passiert dies doch, lässt man den Kleber einfach antrocknen und kann ihn anschließend vorsichtig wieder abrubbeln. ∎

TIPP

JULIA SONNENSCHEIN

Sauberes Aufziehen ist mal wieder sehr wichtig, da man sich ja auch gut präsentieren will. Wir haben zum Aufziehen immer nur den Fixogum-Kleber genommen, da man den problemlos wieder entfernen kann und die Arbeiten sich auch noch mal wieder abziehen lassen. Jetzt fragt ihr euch bestimmt: »Wie? Wovon denn wieder abziehen?«

Alle Arbeiten werden auf einen Passepartout-Karton geklebt, der auf jeden Fall größer sein muss als ein DIN-A2-Blatt. Der Karton ist dicker als das Papier aus dem Zeichenblock. Die Arbeit sollte in jedem Fall gerade auf dem Karton platziert sein, das ist sehr sehr wichtig und peinlich, wenn es nicht so ist. Die Arbeiten sehen aufgezogen einfach ansprechender aus und dies gibt dem Ganzen ein einheitliches Bild. ∎

Fixogum ist ein klarer, dickflüssiger Montagekleber zum sauberen Verkleben von Papier, Pappe, Karton, Folien und ähnlichen Materialien. Die Klebeverbindung bleibt für eine gewisse Zeit »schwimmend« verschiebbar, empfindliche Materialien verziehen sich nicht. Heraustretender Klebstoff lässt sich nach kurzem Antrocknen rückstandsfrei mit dem Finger oder einem Radiergummi abreiben und die Teile bleiben voneinander ablösbar, solange der Klebstoff nur einseitig aufgetragen wurde. Da Fixogum (vor allem unter Einfluss von Tageslicht) nicht alterungsbeständig ist, halten Verbindungen nur einige Monate oder Jahre. ∎

PRÄSENTATION DER ARBEITEN
INHALTSVERZEICHNIS

MARIE THERES SCHLIERKAMP

Ein Bestandteil der eigenen Mappe, der, wie ich gelernt habe, sehr wichtig ist und aufgrund ständigen Zeitmangels bei den Professoren, so glaube ich, ganz gern gesehen wird, ist das Inhaltsverzeichnis. Man führt seine Arbeiten einfach noch einmal, entsprechend der Reihenfolge in der Mappe, nummeriert mit Titel und Technik auf.

Diese Aufstellung gibt jedoch nicht nur den Professoren oder anderen Betrachtern einen schnellen Überblick über die Mappe, sondern man kann sich dabei auch selbst noch einmal einen Überblick verschaffen, welche Techniken oder Themen man bis jetzt häufig oder weniger häufig genutzt hat.

JULIA SONNENSCHEIN

Ich brauchte das jetzt zwar nicht, aber ein Inhaltsverzeichnis ist wichtig, wenn man seine Mappe irgendwo abgibt und sie nicht persönlich präsentiert. Denn so haben die Professoren einen kleinen Überblick, was in eurer Mappe enthalten ist, und auch mit welchen Techniken die Arbeiten erstellt wurden. Das heißt, ins Inhaltsverzeichnis kommt euer Name und das Mappenthema und dann wird aufgelistet, wie eure Arbeiten heißen und wie ihr sie erstellt habt. Das wird dann innen in die Mappe geklebt.

Mappenthema: Bewegung

Inhaltsverzeichnis

1. „Ass im Ärmel"   Mischtechnik+ Pop-up
2. „Pirouette in Rot"   Pastell
3. „Was bewegt dich (Teil 1)?" Mischtechnik
4. „Was bewegt dich (Teil2)?"   Mischtechnik
5. „Do it yourself"   Pastell+ Origami+ Daumenkino
6. „Jumper"   Mischtechnik
7. „Rad der Zeit"   Mischtechnik
8. „Schachmatt?"   Mischtechnik
9. „Käsesucht"   Mischtechnik+ Pop-up
10. „Wie teile ich..."   Kohle
11. „Tropf, tropf..."   Mischtechnik

ANNA HIMPFEN

Ich habe kein Inhaltsverzeichnis abgegeben. Mein Inhaltsverzeichnis war quasi mein Skizzenblock, da er in der gleichen Reihenfolge angeordnet war wie die Arbeiten in meiner Mappe.

DRAMATURGIE

MARIE THERES SCHLIERKAMP

Die richtige Dramaturgie kann, wenn alle Arbeiten einer Mappe bereits fertig sind, diese noch mal ein ganzes Stück interessanter machen und besonders gute Arbeiten hervorheben. Zugegeben: Bevor wir von Renata über diesen Sachverhalt aufgeklärt wurden, hatte ich keine Ahnung, dass es so etwas zu beachten gibt.

Daher sei an dieser Stelle für alle gesagt, die wie ich davon bisher keinen Schimmer hatten: Arbeiten, die zu Beginn und gegen Ende der Mappe kommen, bleiben am ehesten im Gedächtnis. Ihnen wird am meisten Aufmerksamkeit zuteil, daher sollten an diesen Stellen die besten Zeichnungen sein.

Außerdem sollte man darauf achten, dass die Arbeiten entsprechend ihrer Technik aufeinander abgestimmt sind, also z. B. keine zehn Buntstiftarbeiten nacheinander kommen oder eine stark farbige Zeichnung direkt vor einer »blassen« Bleistiftzeichnung kommt.

Serien sollten, wenn möglich, nacheinander präsentiert werden.

Welche Arbeiten letztendlich die besten sind, hängt auch davon ab, was die jeweilige Hochschule am liebsten sieht, ob es nun plakative Arbeiten, Fotos oder Naturstudien sind.

JULIA SONNENSCHEIN

Hierbei muss genau überlegt werden, in welcher Reihenfolge die Arbeiten in die Mappe gelegt werden. Die besten Arbeiten sollten zum Schluss in die Mappe, da sie dann am ehesten im Gedächtnis bleiben. Auch Arbeiten, die thematisch zusammen gehören, sollten zusammen in der Mappe liegen, beispielsweise bei einer Serie.

ANNA HIMPFEN

Es ist wichtig, die besten Arbeiten an den Anfang der Mappe zu setzen, damit die Professoren direkt einen guten Eindruck von der Mappe und den »Wow-Effekt« haben!

Eher mittelmäßige Arbeiten sollten immer mal zwischendurch eingefügt werden und am Ende langsam auslaufen. Werke, die eindeutig zusammengehören, wie beispielsweise meine »Kohle-Portrait-Strecke«, sollten auch in der Mappe nacheinander angeordnet werden. Sinnvoll ist, dass man noch ein paar gute Arbeiten ans Ende setzt, um einen guten Gesamteindruck zu hinterlassen.

PRÄSENTATION DER ARBEITEN | **MAPPENSCHÜLER** 85

TIPP

Es ist notwendig, bei der Zusammenstellung der Mappe alle seine Arbeiten auszulegen und sie zu betrachten. So kann man überprüfen, ob eine gute Vielfalt an Techniken angeboten wird, ob die Mappe zu viele Schwarz-Weiß-Arbeiten enthält oder diese etwa gar nicht vorhanden sind. Vielleicht hat die Mappe in ihrer Gesamtwirkung andere Mängel, die bei der Betrachtung der einzelnen Arbeiten nicht aufgefallen waren.

Auch wenn ich die Reihenfolge der Arbeiten für die Dramaturgie der Mappe festlegen möchte, muss ich erst mal den Überblick über alle Arbeiten haben nach bestimmten Kriterien.

RENATA LAJEWSKI

Sollte einem Schüler bei einer Arbeit nur ein Klischee einfallen, so ist die zeichnerische Umsetzung umso wichtiger. Es geht z. B. um die Wahl einer ungewöhnlichen Perspektive, eine »Outline-Zeichnung« oder die Betonung eines Schwerpunktes.

Auch Übungen zur Textillustration sind ein Thema. Auf Zeit werden kleine Geschichten visuell dargestellt. Ein Muss sind Zeichnungen von realen Objekten, die möglichst naturalistisch auf Zeit erarbeitet werden.

Objektdesigner werden jedoch nicht nur nach ihren zeichnerischen Fähigkeiten beurteilt, vielmehr müssen sie auch technische Zusammenhänge verstehen und visualisieren können. Wenn sie bei der Betrachtung eines Objekts nur die Form, das Material und die Beschaffenheit beachten und die Funktion nicht mit einbeziehen, wird zu kurz gearbeitet und die Aufgabe nicht gelöst. So ist etwa eine Fahrrad-Darstellung ohne Kette und Bremsen (was sehr häufig vergessen wird) keine gelungene Arbeit, auch wenn sie rein zeichentechnisch gut ausgeführt und ins Bild positioniert wird.

Natürlich sollte auch in der Zeitbeschränkung das »richtige Werkzeug« zum Thema und zur gewünschten Darstellung gewählt werden. Für meine Teilnehmer sind diese Übungen/Auseinandersetzungen oft sehr anstrengend und deprimierend, aber effektiv. ∎

ABGABE UND AUFNAHMEVERFAHREN
MARIE THERES SCHLIERKAMP

ABGABE- UND AUFNAHMEVERFAHREN IN DORTMUND, ESSEN, MÜNSTER UND KREFELD

Nach der Fertigstellung der Mappen kam der eigentliche Teil, der mir am meisten Sorgen machte und vor dem ich einen Riesenbammel hatte – das Aufnahmeverfahren. Ein Teil, der letztendlich in vielerlei Hinsicht, manchmal in guter, manchmal in schlechter, so ganz anders verlaufen ist, als ich dachte und vielleicht auch wollte. Zunächst aber von Anfang an.

Nach einiger Zeit der Recherche hatte ich mich entschieden, mich in Dortmund, Münster und Essen, später auch in Krefeld zu bewerben. Dafür musste ich mich bis März zunächst in Dortmund und Münster zur Eignungsprüfung anmelden.

Ende April war dann zuerst die Mappenabgabe in Dortmund, mit kleinen Komplikationen und der Hilfe einer der netten Sekretärinnen vor Ort hatte ich sie ein paar Tage danach zurück, um sie kurz darauf samt der in einer Woche erstellten Hausaufgabe in Essen abzugeben. Nach meiner Abgabe in Essen, die natürlich erst am letztmöglichen Tag nach fast durchgearbeiteter Nacht erfolgte, musste ich mich meiner zweiten Mappe widmen.

Für Münster war als Thema der Mappe »Bewegung« gestellt worden, und ich hatte vorher nur eine Woche, daran gearbeitet. Zu meinem Pech waren die Ergebnisse dieser Woche, nach der – wie ich fand – harten Kritik Renatas und eines Professors der Mappenberatung in Münster, auf die Hälfte dezimiert worden. So hatte ich noch drei Tage Zeit, um aus meiner 4 – 5 Arbeiten zählenden Mappe eine mit 10 – 20 zu machen. Das Wochenende vor der Abgabe war dementsprechend wohl das arbeitsintensivste, das ich je erlebt habe, und auch das, an dem ich am wenigsten geschlafen habe, nämlich ganze 4,5 Stunden. Letztendlich habe ich dann aber doch noch irgendwie elf Arbeiten geschafft, mit denen ich angesichts der Zeitnot mehr oder weniger zufrieden war, und fuhr völlig übermüdet zur Abgabe nach Münster.

Jetzt hieß es bis abends warten, wo die Nummern derjenigen, die weiter kamen, am schwarzen Brett ausgehängt wurden. Ich suchte eifrig nach meiner Nummer 35 und ... fand sie. Fürs erste war ich happy eine Runde weiter zu sein und fuhr nach Hause, um für die am nächsten Tag stattfindende Prüfung alles an Materialien mitzunehmen, was mir hilfreich erschien. Die Prüfung am nächsten Tag begann dann zunächst in einem Hörsaal mit Begrüßung und Erläuterung der Aufgaben. Daraufhin hat sich jeder zu seinem Platz in einem der Prüfungsräume begeben und hatte vier Stunden Zeit, um die vier Aufgaben zu bearbeiten. Zum Glück hatte ich bereits einige Ideen, bevor wir an unseren Plätzen saßen und eifrig drauflos bastelten, und konnte so ohne viel Zeitverlust loslegen.

Nach der Prüfung, als jeder seine Arbeiten in den entsprechenden Räumen abgegeben hatte, warteten alle mehr oder weniger nervös darauf, zum Gespräch zu den Professoren hineingebeten zu werden. Zum Glück hatte ich ja eine der kleinsten Zahlen und war fast am Anfang dran. Das Gespräch war dann, wie ich fand, relativ locker und hat kaum ein paar Minuten gedauert. Dass die Professoren hin und wieder auch geschmunzelt oder mal gelacht haben, als ich etwas zu meinen Arbeiten aus der Prüfung sagte, wertete ich als gar nicht so schlechtes Zeichen.

Als ich dann abends wieder, wie Dutzende anderer Mitbewerber auch, auf den Aushang mit den Nummern schaute, musste ich erst mehrmals hinsehen, bis ich begriff, dass meine Nummer da stand und ich die Eignung in der Tasche hatte, was wirklich ein tolles Gefühl war.

Nach dem Verfahren in Münster beschäftigte ich mich als nächstes mit der dreiteiligen Hausaufgabe für Dortmund, da ich per Post erfahren hatte, dass ich durch die Mappenprüfung gekommen war.

Die erste Aufgabe war, eine einfallsreiche Maske zu basteln und sich ein entsprechendes Thema auszudenken. Da diese Aufgabe mit relativ viel Bastelei verbunden sein würde und ich außer einer groben Richtung für das Thema noch keine genaue Vorstellung hatte, habe ich mich zuerst der zweiten Aufgabe gewidmet.

Diese lautete »Schwarz auf Weiß« und war in ihrer Ausführung völlig frei gestellt. Ich erinnerte mich an eine Seite des Buches für die Hausaufgabe in Essen und beschloss daher, einen Teil der Aufgabe mit Typografie zu lösen, indem ich aus dem Wort Schwarz das Wort Weiß zusammensetzte, womit Schwarz auf Weiß in zweifacher Hinsicht dargestellt war. Dies wollte ich als Vorderseite eines kleinen Heftes mit zwei weiteren Doppelseiten nehmen, bei denen ich mit einer Technik arbeitete, die ich in einem Buch gesehen hatte und die, wie ich fand, dieses Thema interessant nutzte. Ich probiere die Technik also mit eigenen Motiven so lange aus, bis sie einigermaßen funktionierte, und bastelte aus den beiden Beispielen und dem ersten Teil das Heft.

Nun war die dritte Aufgabe dran, eine Kurzgeschichte zum Thema »Tortenschlacht«, die ich illustrativ auf DIN A2 umsetzte.

Jetzt fehlte noch die dritte Aufgabe, die Maske. Nach einigem Hin und Her bezüglich der Idee hatte ich mich aufgrund meiner Vorliebe für Kuchen und Torten entschieden, in dieser Richtung zu arbeiten, außerdem verband dies auch die erste und dritte Aufgabe ganz gut miteinander. Als sehr schwierig gestaltete sich das Ganze dann erst, als ich versuchte, die Maske durch Dreh-, Zieh-, Schiebe- oder Klappmechanismen in ihrer Form und im Motiv zu verändern. Am Schluss habe ich dann aber doch einen funktionierenden Kompromiss gefunden: Aus der Torte mit Aufsatz und echten Baisers wurde durch Aufklappen ein Bonbon. Mein Thema war also »Wandel«, zum einen durch die Maske, die den Träger verändert, und durch die Situation nach der Schule als Zeit des Wandels, außerdem durch die Maske selbst.

Mit den fertigen Hausaufgaben fuhr ich dann nach Dortmund und wartete, am Anfang relativ nervös, nach drei Stunden jedoch überhaupt nicht mehr, bis ich zu den Professoren hinein gebeten wurde. Das Gespräch war dann wieder ziemlich locker, dauerte vielleicht drei Minuten und war auch – durch die beruhigenden Aussagen eines der Professoren vorher – überhaupt nicht unangenehm, was mich allgemein sehr überraschte.

Ich ärgerte mich im Nachhinein ein wenig, weil ich, da die Professoren meinten, wir müssten unsere Hausaufgaben nicht vorstellen, im Gespräch nur zu einer Aufgabe etwas gesagt hatte. Diese Sorge erwies sich dann aber als unbegründet, da ich nach 2 – 2,5 Wochen per Post eine Zusage bekam.

Die letzte Prüfung war dann in Essen, nach der Zusage, dass ich durch die Mappenprüfung gekommen war. Es war eine mehrtägige Eignungsprüfung, auf die ich mich zunächst relativ gut vorbereitet fühlte, da ich einige der Aufgaben der letzten Jahre vorher geübt hatte – bis ich dann merkte, dass genau in diesem Jahr das ganze Verfahren umgestellt worden war. Das war wirklich Pech. Trotzdem zeichnete ich allgemein zur Übung noch ein wenig weiter und hoffte das Beste. →

ABGABE UND AUFNAHMEVERFAHREN
MARIE THERES SCHLIERKAMP

Leider hatte ich nach der Prüfung kein so gutes Gefühl, was mir eine Woche später mit einem niederschmetternden Brief in der Post dann auch bestätigt wurde, in dem stand, dass meine Arbeiten nicht ausreichend waren.

Das Gefühl, quasi gesagt zu bekommen, dass man nicht gut genug sei, war schrecklich. Nach einigen Tagen allerdings beschloss ich nicht aufzugeben. Ich dachte, da man mich überhaupt zur Prüfung zugelassen hatte, musste ich in den Augen der Professoren ja auch etwas Gutes in der Mappe und der Hausaufgabe gezeigt haben. Nun plane ich, es im nächsten Jahr noch einmal zu versuchen, mit dem festen Ziel vor Augen, diesmal eine Zusage in der Hand zu halten.

Nach dem Ende des Verfahrens in Essen habe ich mich dann auch noch in Krefeld mit der Note aus Münster beworben, und auch hier klappte es wie zuvor in Dortmund und Münster.

Ich werde nun also dieses Jahr mein Studium für Design beginnen und freue mich schon auf die ganzen neuen Erfahrungen, die ich sammeln, Erkenntnisse, die ich gewinnen, und neuen Leute, denen ich begegnen werde. Und vielleicht klappt es am Ende ja auch noch in Essen. ∎

BEWERBUNGSMAPPE FACHHOCHSCHULE DORTMUND / FOLKWANG UNIVERSITÄT DER KÜNSTE

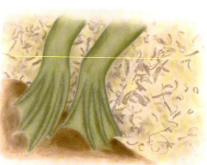

ABGABE UND AUFNAHMEVERFAHREN | **MAPPENSCHÜLER** 89

ABGABE UND AUFNAHMEVERFAHREN
MARIE THERES SCHLIERKAMP

BEWERBUNGSMAPPE FACHHOCHSCHULE DORTMUND / FOLKWANG UNIVERSITÄT DER KÜNSTE

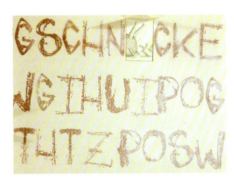
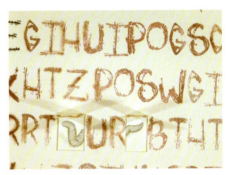

ABGABE UND AUFNAHMEVERFAHREN
MARIE THERES SCHLIERKAMP

BEWERBUNGSMAPPE FACHHOCHSCHULE DORTMUND / FOLKWANG UNIVERSITÄT DER KÜNSTE

ABGABE UND AUFNAHMEVERFAHREN | **MAPPENSCHÜLER**

ABGABE UND AUFNAHMEVERFAHREN
MARIE THERES SCHLIERKAMP

HAUSAUFGABE
FACHHOCHSCHULE DORTMUND

HAUSAUFGABE FOLKWANG UNIVERSITÄT DER KÜNSTE

ABGABE UND AUFNAHMEVERFAHREN
MARIE THERES SCHLIERKAMP

BEWERBUNGSMAPPE FACHHOCHSCHULE MÜNSTER

1 | As im Ärmel | Mischtechnik + Pop-Up

2 | Pirouette in Rot | Pastell

3 | Was bewegt dich (Teil 1)? | Mischtechnik

4 | Was bewegt dich (Teil 2)? | Mischtechnik

6 | Do it yourself | Pastell, Origami + Daumenkino

5 | Jumper | Mischtechnik

ABGABE UND AUFNAHMEVERFAHREN | **MAPPENSCHÜLER** 97

7 | Zahn der Zeit | Mischtechnik

8 | Schachmatt? | Mischtechnik

9 | Käsesucht | Mischtechnik + Pop-Up

10 | Wie teile ich ...? | Kohle

11 | Tropf, tropf ... |
Mischtechnik

ABGABE UND AUFNAHMEVERFAHREN
JULIA SONNENSCHEIN

ABGABE UND AUFNAHMEVERFAHREN IN KREFELD

Zuerst habe ich den Aufnahmeantrag nach Krefeld geschickt, darin standen auch nur Daten von mir, Zeugnis brauchte man gar nicht. Dann bekam ich den Termin zur Mappenpräsentation, zu der noch eine Hausaufgabe mit dem Thema »Sauberkeit« zu erledigen war.

Ich bin also zum genannten Termin nach Krefeld gefahren und war sogar früher dran als erwartet. Ein Professor und ein Student haben mich begrüßt und haben mich erst einmal gefragt, warum ich in Krefeld studieren will und warum ich Designer werden möchte. Danach haben sie sich meine Hausaufgabe angeschaut und dann die Arbeiten aus meiner Mappe. Ich musste meine Arbeiten auch selbst präsentieren und erklären, was ich mir bei den Arbeiten gedacht habe. Danach konnte ich nach Hause gehen.

ABGABE UND AUFNAHMEVERFAHREN IN SAARBRÜCKEN

In Saarbrücken musste man erst eine Hausaufgabe abgeben, durfte sie aber nicht persönlich vorstellen. Die Hausaufgabe war zum Thema »On/Off«, wo ich mich auch richtig ins Zeug gelegt hatte. Ich bekam dann irgendwann Bescheid, dass ich nun zur mündlichen Prüfung eingeladen sei, und fuhr dann auch zum besagten Termin zur FH.

Erst einmal führte mich eine Studentin in den Prüfungsraum, wo meine Hausaufgabe schon lag. Sie sagte, ich sollte meine Arbeiten auf den Tischen ausbreiten, sie käme dann noch mal wieder. Als ich damit fertig war, kam die Prüfungskommission in den Raum, die aus fünf Leuten bestand. Sie haben mich gefragt, wo ich herkomme und ob ich mich noch woanders beworben hätte. Dann haben sie mich noch was zur Hausaufgabe gefragt und sich dann meine Arbeiten angeguckt. Danach meinten sie, ich sollte noch einmal rausgehen, sie wollten sich jetzt beraten. Nach kurzer Zeit wurde ich wieder reingerufen und konnte meine Arbeiten wieder mitnehmen.

ABGABE UND AUFNAHMEVERFAHREN IN DARMSTADT

Die Prüfung in Darmstadt ging über zwei Tage. Am ersten Tag war eine dreistündige Prüfung angesetzt, in der sechs Aufgaben zu verschiedenen Themen zu erledigen waren. An dem Tag waren zwei Gruppen zur Prüfung da, jeweils mit ca. 120 – 150 Leuten. Wir saßen dicht gequetscht auf Festzeltgarnituren und haben unsere Aufgaben bearbeitet. Zwischendurch ging ein Zettel rum, wo man sich für die Mappenschau am nächsten Tag eintragen musste. Nach der Prüfung wurde dann eine Liste ausgehängt, auf der man sehen konnte, wer am nächsten Tag zu welcher Uhrzeit dran sein würde.

Die Prüfung am nächsten Tag war in einem anderen Gebäude. Alle saßen nervös auf ihren Stühlen, bis sie aufgerufen wurden. Es waren immer fünf Leute auf einmal dran. Wir kamen in einen Raum mit fünf Tischen, wo an jedem Tisch jeweils vorne eine »Akte« lag mit unseren Namen drauf. Darin war, denke ich mal, unsere praktische Prüfung vom Vortag. Auf jeden Fall hatte jeder einen Tisch zur Verfügung um seine Arbeiten zu präsentieren. Es waren fünf Professoren da, die dann einzeln zu jedem Tisch gegangen sind und auch Fragen gestellt haben. Dann haben sie sich zur Beratung zurückgezogen und wir konnten unsere Arbeiten wieder einpacken und nach Hause gehen.

BEWERBUNGSMAPPE FACHHOCHSCHULE KREFELD/SAARBRÜCKEN/DARMSTADT

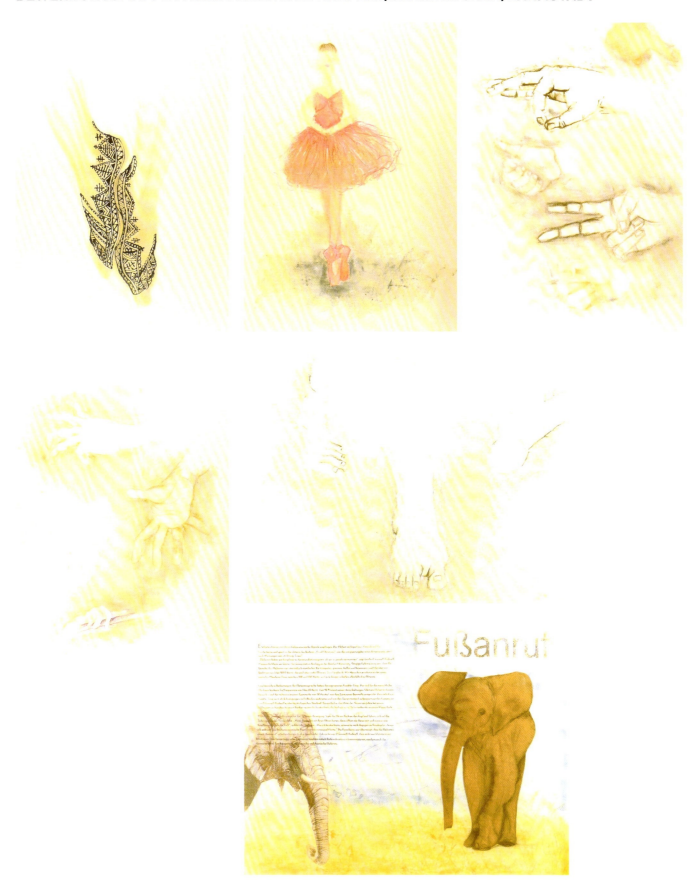

ABGABE UND AUFNAHMEVERFAHREN
JULIA SONNENSCHEIN

BEWERBUNGSMAPPE FACHHOCHSCHULE KREFELD/SAARBRÜCKEN/DARMSTADT

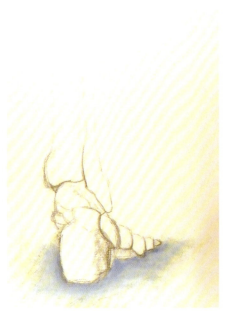
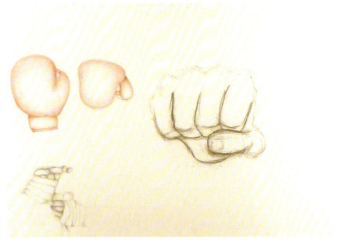

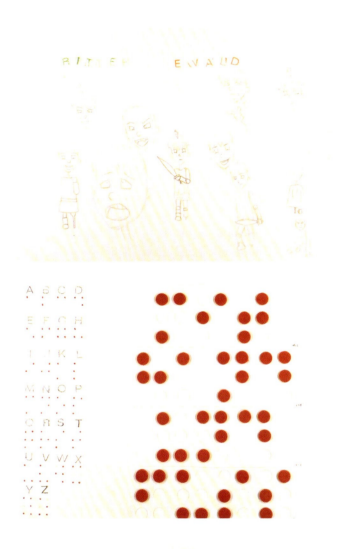

ABGABE UND AUFNAHMEVERFAHREN
JULIA SONNENSCHEIN

BEWERBUNGSMAPPE FACHHOCHSCHULE KREFELD/SAARBRÜCKEN/DARMSTADT

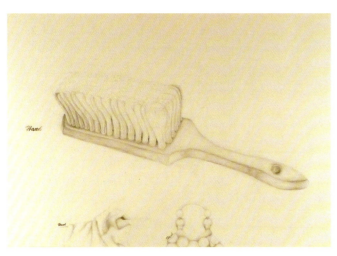

MAREEN SPIEGELHOFF

Zur Mappenpräsentation kann ich eigentlich noch gar nicht viel schreiben, da ich mich mitten im Aufnahmeprozess befinde. Ich meine, das Wichtigste dabei ist, dass man ganz natürlich und selbstbewusst bleibt und nicht versucht jemand anderes zu sein, wenn man vor den Professoren steht. Ich denke, dass man hinter der eigenen Mappe stehen muss und diese auch richtig toll finden sollte, damit man einen souveränen Auftritt abliefern kann.

Ganz schwierig stelle ich mir die Aufgaben nach der Eignungsprüfung vor: Dass man vielleicht so nervös sein könnte, dass man auf einmal völlig ideenlos wird. Das wäre das Schlimmste für mich. Besser eine schlechte Idee als gar keine. Alles in allem glaube ich aber, dass man das schon überstehen kann und sich vorher besser keine Horrorszenarien ausmalen sollte, wie es im schlimmsten Fall laufen könnte, denn so kann man bestimmt nicht seine beste Seite zeigen. ∎

ANNA HIMPFEN

EIGNUNGSPRÜFUNG

Ich dachte, nach der Fertigstellung meiner Mappe würde es weniger stressig zugehen. Doch das lässt sich in meinem Fall leider nur auf den Zeitdruck und nicht auf die nervliche Anspannung beziehen. Kaum ist die Mappe versandt, wartet man ungeduldig auf eine Rückmeldung! Auf eine positive, versteht sich!!

Kommt dann die langersehnte Einladung zum 2. Teil der Eignungsprüfung, ist man zunächst erleichtert und überglücklich. Doch hält sich die erste Euphorie nur bis zum Gedanken an die Prüfung. Damit sind wir auch schon beim Thema Vorbereitung auf die Eignungsprüfung. Die Prüfung ist von Schule zu Schule verschieden. Meist ist jedoch die Mappe und gegebenenfalls eine Hausaufgabe ausschlaggebend, ob man am weiteren Verfahren der Prüfung teilnehmen darf oder nicht. In meinem Fall setzte sich die Prüfung aus drei gestalterischen Aufgaben und einer schriftlichen Klausur zusammen.

Da es sich um meine erste Eignungsprüfung handelte, war ich sehr nervös, weil ich einfach nicht wusste, was auf mich zukommen würde. Natürlich habe ich recherchiert, jedoch blieb mein Unbehagen vor der unbekannten Situation.

Auf die Prüfung bereitete ich mich vor, indem ich mir zunächst mithilfe des Internets Informationen beschaffte. Ich recherchierte auf der Schul-Homepage, worauf bei den verschieden Prüfungen Wert gelegt wird. Zudem schrieb ich verschiedene Studierende an, die bereits an »meiner« Hochschule immatrikuliert waren, und informierte mich über deren Ablauf und Aufgabenstellung der letzten Prüfung. Ich habe sie via studivz kontaktiert. Am besten könnt ihr nach Gruppen suchen, die euren Studiengang und die gewünschte Hochschule enthalten. Dann könnt ihr einfach irgendwelche Gruppenmitglieder anschreiben. Meine waren ALLE total lieb und hilfsbereit! Ich war überrascht, wie ausführlich sie mir geantwortet haben. Manche von ihnen hatten echt gute Tipps und alle waren sehr motivierend!

Nachdem ich die Prüfungsaufgaben des letzten Jahres hatte, war ich ein wenig erleichtert, da ich jetzt einen ersten Eindruck hatte, was mich an den zwei Prüfungstagen erwarten würde ... Ich bin die Aufgaben durchgegangen und habe die eine oder andere Aufgabe umgesetzt. Zudem habe ich mir alle möglichen Materialien beschafft. Meist wird der Einladung eine Materialliste beigefügt.

Es ist wichtig, dass ihr euch gute Materialien beschafft. Ich habe beispielsweise Fotos von interessanten Strukturen und Farben gemacht, die ich gegebenenfalls in einer Collage hätte verwenden können. Zudem habe ich noch Stoffe und Nähutensilien wie Knöpfe, Reißverschluss, diverse farbige Papiere, etc. mitgenommen.

Insgesamt war ich von der Prüfungssituation positiv überrascht. Wir waren auf drei Räume verteilt. Die Fachbereiche Mode-, Kostüm- und Illustrations-Design wurden an den beiden Tagen geprüft. Wir saßen dicht beieinander und konnten uns unauffällig unterhalten. Man konnte sehen, wie die anderen die Aufgaben lösten, und wenn man wollte, durfte man auch Musik hören.

Es war eigentlich eine ganz angenehme Prüfungsatmosphäre. Die jeweiligen Professoren warteten auf dem Flur und kamen zwischendurch mal herein, um nach dem Rechten zu sehen und um mögliche Fragen zu beantworten.

Für die Aufgaben hatten wir jeweils vier Stunden Zeit, was im großen und ganzen ausreichend war. Die meisten haben schon vorher abgegeben, außer bei einer Aufgabe, die eigentlich aus zwei Teilen bestand. Da reichte die Zeit vorne und hinten nicht, und die meisten mussten aufgefordert werden abzugeben.

An jedem der beiden Tage hatten wir jeweils zwei Aufgaben und dazwischen eine Stunde Pause. Die erste Aufgabe kam aus dem Bereich Malerei. Die zweite war Zeichnen. Die dritte war Entwurf und die vierte war eine schriftliche Aufgabe.

DAS WAREN MEINE GENAUEN AUFGABENSTELLUNGEN:

Klausur 1
Termin: Montag, 9.00 – 13.00 Uhr
Test: Farbe und Form
Aufgabe: Malen Sie sich und einen Freund oder eine Freundin in einem festlichen bunten Raum. Bitte nicht vormalen und ausmalen! Entwickeln Sie eine interessante Farb- und Formkomposition.
Format: DIN A2 Hoch- oder Querformat
Technik: Wasserfarben (Deckfarben), Temperafarben, Acrylfarben
Uns wurde gesagt, dass alle wasserlöslichen Farben erlaubt seien. Ich habe eine Mischtechnik aus Tusche und Aquarellfarben gewählt. →

ABGABE UND AUFNAHMEVERFAHREN
ANNA HIMPFEN

Klausur 2
Termin: Montag, 14.00 – 18.00 Uhr
Test: Zeichnen
Aufgabe: »Doppelgänger«
Zeichnerische Umsetzung freier Assoziationen
Bildfindung
Auslotung grafischer Möglichkeiten/Temperamente von linear bis hell/dunkel
Format: DIN A2
Technik: Bleistift (Stärken HB – 8B, Radiergummi)

Klausur 3
Termin: Dienstag, 9.00 – 13.00 Uhr
Test: Entwurf
Aufgabe 1:
Design, Assemblage (Stoff)
Entwickeln Sie auf einem Blatt einen Entwurf für ein drapiertes Kleid. Verwenden Sie ausschließlich die mitgebrachten Stoffe und Nähmaterialien. Zur Montage auf das Blatt sind alle Mittel erlaubt. Bringen Sie keine Zeichenmedien zum Einsatz.
Aufgabe 2:
Design, Zeichnung/Collage
Entwickeln Sie auf einem zweiten Blatt ein Outfit, welches das in Aufgabe 1 entworfene drapierte Kleid beinhaltet (oder auch weiterentwickelt), und dazu einen Entwurf für einen darüber getragenen Mantel/Jacke. Das drapierte Kleid kann hier aus einem anderen Stoff dargestellt werden (farbig, Muster, etc.) als in Aufgabe 1.
_Mindestens eines der beiden Kleidungsstücke soll farbig, bunt oder gemustert sein.
_Eines der beiden Kleidungsstücke soll zeichnerisch dargestellt sein.
_Eines der beiden Kleidungsstücke soll als Collage erarbeitet sein, also aus Papier geschnitten, gerissen, geklebt. Zeichen- und Malmittel dürfen nur verwendet werden, um das Collage-Papier einzufärben oder mit Mustern zu gestalten. Zur Montage auf das Blatt sind alle Mittel erlaubt.
Seien Sie mutig und experimentierfreudig, spielen Sie mit den Möglichkeiten von Kontrasten in Silhouette, Volumen, Form und Farbe.
Format: Jeweils DIN A3 für beide Aufgaben

Klausur 4
Das Aufgabenblatt zur schriftlichen Klausur mussten wir wieder abgeben. Sie lautete so: Benennen Sie eine Person des öffentlichen Lebens als Modevorbild. Beschreiben Sie deren Stil und nehmen Sie dazu Stellung. Wir sollten uns möglichst kurz fassen und es auf den Punkt bringen. Weniger als eine Seite war erwünscht.

Hinweise zum Theorie-Thema:
_Zu schreiben ist in ganzen Sätzen – also nicht stichwortartig.
_Die Benotung richtet sich danach, was Sie schreiben und wie Sie argumentieren. D.h. es gibt keine »richtigen« oder »falschen« Ansichten, sondern es geht einzig darum, wie Sie Ihre Meinung darlegen und begründen.
_Sie haben 180 Minuten Zeit.

Ich warte noch immer sehnsüchtig auf mein Ergebnis, das mir schriftlich mitgeteilt werden soll. Zu diesem Zeitpunkt kann ich leider noch nichts Genaueres sagen, als dass der erste Tag ganz gut lief und der zweite nur so la la.

Andere Bewerberinnen haben mir gesagt, dass sie teilweise schon das dritte oder fünfte Mal zur Eignungsprüfung eingeladen waren und es bisher leider noch nicht geklappt hatte.

Das hat mich ein wenig demotiviert, da ihre Arbeiten echt gut waren und sie sehr talentiert schienen. Die Konkurrenz ist stark!! Aber wenn man sich jetzt nicht durchbeißt, wie will man das dann später auf dem Arbeitsmarkt schaffen? Also lasst euch nicht unterkriegen! Ich tue es auch nicht. Geht einfach auf Nummer Sicher und bewerbt euch bei vielen verschiedenen Schulen!

Ich konnte meine Mappe nach der Prüfung wieder mitnehmen und werde mich nun auch noch bei anderen Hochschulen bewerben. Sicher ist sicher!

ABSCHLUSSBEWERTUNG

Meine Mappe im Rahmen von Renatas Kurs zu erstellen hat mir persönlich Sicherheit gegeben. Ich würde es wieder so machen. So viel Zeit und Geld in meine Mappe zu investieren ohne irgendeine Idee zu haben, was überhaupt in eine solche Mappe gehört, schien mir unnütz.

Ich war froh, dass in meiner Nähe solch ein Kurs angeboten wurde. Im Nachhinein betrachtet wäre ich allein nie in der Lage gewesen, meine Mappe in der letztendlichen Qualität zu erstellen. Schon für die einfache Frage »Darf man einen Hund zeichnen oder nicht?« war der Kurs wichtig: Die Auswahl der angemessenen Objekte sollte nicht willkürlich, sondern studiengemäß bedacht sein.

Besonders im Bereich Modedesign neigen viele dazu, hauptsächlich eigene Entwürfe zu erstellen. Jedoch sollte man nur verhältnismäßig wenige davon in die Mappe einbeziehen und sich beispielsweise mehr auf Materialdarstellungen konzentrieren.

Ein weiterer Grund, warum ich mich für die Teilnahme an einem Mappenkurs entschieden habe, war, dass es noch viele Techniken gab, mit denen ich noch nicht vertraut war. Denn Talent ist die eine, Fleiß und Know-how die andere Sache.

In meinem Freundeskreis bin ich die einzige, die einen kreativen Weg eingeschlagen hat, daher war es schön in der Gruppe mit Gleichgesinnten auf ein gemeinsames Ziel hinzuarbeiten und sich untereinander auszutauschen. Wenn ich mal eine Tiefphase hatte, haben mich die Besprechungen innerhalb der Kursgruppe wieder motiviert und neu angespornt.

Ich weiß, dass ich den Kurs ohne meine Eltern nicht hätte machen können. Ich bin ihnen sehr dankbar für ihre Unterstützung!! An dieser Stelle ein großes Dankeschön an meine Eltern! Ich hab euch lieb! Und auch ein Danke an Renata, die mir sehr viel beigebracht hat.

Alles in allem habe ich viel Arbeit in meine Mappe gesteckt! Ich wünsche mir nun von ganzem Herzen, dass ich schon bald einen Studienplatz bekomme! Das ganze Bewerbungsverfahren ist mit viel Aufwand, Disziplin und Nerven verbunden.

Euch allen wünsche ich gutes Gelingen, Durchhaltevermögen, Spaß an euren Arbeiten und Unterstützung von wem auch immer. Glaubt an euch!

BEWERBUNGSMAPPE HOCHSCHULE FÜR ANGEWANDTE WISSENSCHAFTEN HAMBURG

ABGABE UND AUFNAHMEVERFAHREN
ANNA HIMPFEN

BEWERBUNGSMAPPE HOCHSCHULE FÜR ANGEWANDTE WISSENSCHAFTEN HAMBURG

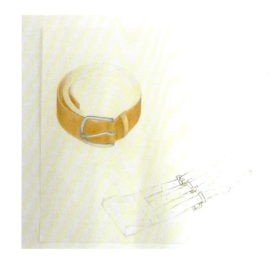

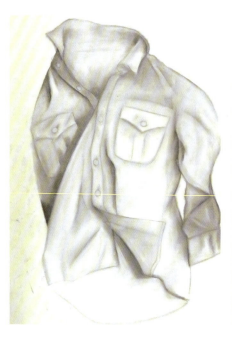

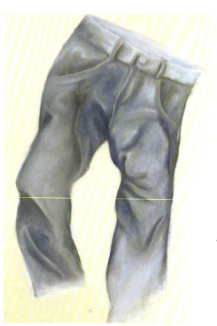

ABGABE UND AUFNAHMEVERFAHREN | **MAPPENSCHÜLER** 107

ABGABE UND AUFNAHMEVERFAHREN
ANNA HIMPFEN

BEWERBUNGSMAPPE HOCHSCHULE FÜR ANGEWANDTE WISSENSCHAFTEN HAMBURG

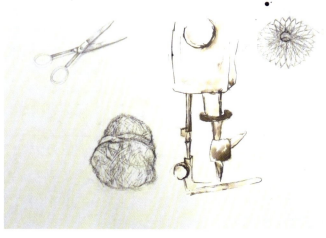

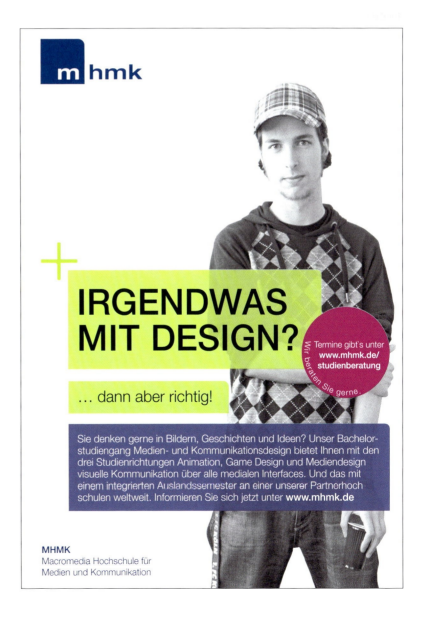

RENATA LAJEWSKI

Nun ist es soweit: Mappe und Aufnahmeprüfung sind geschafft – und was jetzt? Zunächst steht sicher die Freude über die bestandene Prüfung ebenso im Vordergrund wie die Vorfreude auf den bevorstehenden Ortswechsel, vielleicht die Einrichtung der eigenen Wohnung. Ein neuer Lebensabschnitt beginnt, und neugierig und hungrig auf Neues begibt man sich mit vielen Erwartungen an die Uni.

Im Rückblick auf meine eigene Studienzeit kann ich sagen, dass ich insbesondere die Anfangszeit als sehr schulisch empfand und den späteren Wechsel ins Hauptstudium nicht als Übergang, sondern wiederum als etwas ganz Neues. Damit will ich nicht etwa sagen, dass es anfangs leicht war, z. B. herauszufinden, welcher Professor in geeigneter Weise mein kreatives Talent zu fördern wusste. Im Hauptstudium ging die Suche dann erneut los und ich habe viel ausprobieren und experimentieren müssen, um schließlich meinen Weg zu finden. Die kreativen und künstlerischen Möglichkeiten, die sich mir anboten, waren alle irgendwie verlockend.

Um solch eine Orientierungslosigkeit bei meinen Mappenschülern zu verhindern, lege ich sehr viel Wert darauf, sie mit möglichst vielen Techniken vertraut zu machen. So lassen sich schon vor Beginn des Studiums eventuelle Interessen herausfinden bzw. wecken. Es ist mir sehr wichtig, meine Schüler genau dort abzuholen, wo sie gerade stehen, sie zu fördern und zu unterstützen, damit sie den nächsten Schritt tun können, der sich mir zumeist schon andeutet. Ich hoffe, dass ich ihnen damit sowohl ein gutes künstlerisches Handwerkszeug als auch eine stabile Basis für ihr künstlerisches Selbstbewusstsein mit auf den Weg gebe.

ABSCHLIESSENDE WORTE

MARIE THERES SCHLIERKAMP

Jetzt im ersten Semester, einige Monate nach meiner letzten Eignungsprüfung an einer Hochschule, kann ich nur sagen, dass sich die ganze Arbeit rund um Mappen, Hausaufgaben und Eignungsprüfungen wirklich gelohnt hat.

Ich würde heute zwar wahrscheinlich nicht noch einmal dasselbe Thema für meine erste Mappe nehmen, auch wenn ich es immer noch als interessantes und vielfältiges Thema ansehe. Meine zweite Mappe würde ich anders angehen und einige Änderungen bei der Auswahl und Anzahl der ausgesuchten Hochschulen vornehmen. Den Mappenkurs allerdings halte ich in meinem Fall nach wie vor für eine gute Entscheidung.

Was Essen betrifft, würde ich die Eignungsprüfung nicht noch mal mit dem Ziel machen, mich mit der Zusage dort um einen Studienplatz zu bewerben. Möglicherweise mache ich sie einfach für mich noch einmal, um zu sehen, wie es dies Mal läuft bzw. inwiefern es beim zweiten Mal anders läuft, nicht aber, um meine Fähigkeiten anhand des Ergebnisses einzustufen.

Denn ich habe durch die ganzen Erfahrungen der vergangenen Monate seit meinem Schulabschluss auch eines gelernt, nämlich mehr Vertrauen in meine eigenen Fähigkeiten zu haben, unabhängig von den Meinungen anderer.

JULIA SONNENSCHEIN

Wenn dann die Prüfungen geschafft sind, ist man erst mal froh, wenn man ein bisschen pausieren kann und nicht mehr die ganze Zeit zeichnen muss. Dann kreisen die Gedanken eher darum, ob man bei den Profs gut angekommen ist und ob man an der FH/Uni angenommen worden ist. Für mich war das die schlimmste Zeit, weil ich ja nie wusste, ob sich der ganze Aufwand letztendlich auch ausgezahlt hat.

Abschließend will ich noch sagen, dass ich sehr froh bin, dass ich zu Renata gegangen bin, denn ich denke, soviel Know-How, wie ich jetzt schon vor dem Studium habe, haben manche nach ein paar Semestern vielleicht noch nicht. Ich glaube, dass es sich auf jeden Fall auszahlen wird.

Jetzt freue ich mich auf mein Studium und auf die vielen Eindrücke, die ich dort haben werde. Ich kann nur jedem sagen, wenn Design zu studieren wirklich euer Traum ist, dann kämpft dafür und lasst euch nicht unterkriegen.

Von: Julia Sonnenschein
Datum: 2. November 2010 09:23
Betreff: Studium KD
An: Renata Lajewski

Hallo Renata,

wollte mich dann doch mal melden :-)
Also das Studium gefällt mir sehr gut, auch wenn ich noch lernen muss, besser mit meiner Zeit klarzukommen.

Wir haben hier in Darmstadt Zeichnen als Hauptfach und die gute Frau sieht manches anders, als ich es bei dir gelernt habe. Bei dir sollte ich mir die groben Strukturen ja abgewöhnen, weil das sonst nicht so toll aussieht. Dagegen von ihr habe ich einen Rüffel bekommen, das wäre ihr viel zu fein und sie wollte Strukturen sehen usw. Auch wie ich mit den Pastellkreiden arbeiten würde: Wir wären hier beim Zeichnen, ich sollte nicht alles verwischen! Naja, also ich werde das jetzt so machen, wie sie das will, ich will ja auch 'ne gute Note ;-) Aber komisch finde ich's schon.

Auf jeden Fall werden wir noch Akt- und Portraitzeichnen haben, was ich sehr gut finde.

Ich kann auf jeden Fall alles, was ich so im letzten Jahr gelernt habe, sehr gut im Studium einsetzen, was mir natürlich auch vieles erleichtert. Gerade auch die vielen Materialen, die ich mir anschaffen musste, muss ich jetzt nicht mehr kaufen und weiß, dass ich was Gutes habe.

Wir zeichnen im Unterricht auf 70 x 100 Papier und: Ja, das ist natürlich auch etwas ungewohnt ;-).

Was ein bisschen schade ist, ist, dass wir im ersten Semester einen festen Stundenplan haben und keine Kurse selbst wählen dürfen.

Wir haben jetzt Typografie, 2- und 3D-Gestalten, Fotografie, Zeichnen, digitale Werkzeuge, Geschichte und Theorie. Und Bleisatz müssen wir in den Semesterferien nachholen.

Ich hoffe dir geht es gut, viele Grüße aus Darmstadt!

Julia Sonnenschein

ABSCHLIESSENDE WORTE

LAURA RISCH

Abschließend kann ich noch nichts zu meinem Mappenkurs bei Renata sagen, da ich aufgrund persönlicher Probleme pausiere. Ich werde den Kurs jedoch mit Beendigung meiner Lehre weiterführen, da alles, was ich bei Renata gelernt habe, mir schon jetzt in meiner Tischlerlehre geholfen hat.

Ich befinde mich zurzeit in den Vorbereitungen für mein Gesellenstück, wo selbstständiges Entwickeln und Herantasten an Form und Farbe gefragt ist, aber auch das schnelle Erstellen von Handskizzen. Meine Tischlerlehre und mein zukünftiger Studiengang Industriedesign lassen sich schon jetzt für die Mappe vereinen, da ich in der Lage bin Modelle zu bauen.

Im Bereich Modellbau für die Mappe war und ist Renata für alles offen, was mir totalen Spaß macht. Weiterhin habe ich durch ein Gespräch mit einer Industriedesignerin, die auch eine Tischlerlehre absolviert hatte, erfahren, dass man später im Studium durchaus das Gelernte anwenden kann. Ich freue mich auf die Fortsetzung meines Kurses, weil ich mich bei Renata sowohl sicher auf die Mappe vorbreitet fühle, als auch auf die Eignungsprüfungen.

Was ich noch wichtiger finde: Sie ist nicht nur fachlich für einen da, sondern schafft es auch, einen bis an seine Grenzen zu bringen und zu zeigen, was man alles schaffen kann.

ANNA HIMPFEN

Wie bereits erwähnt, hatte ich ein bisschen viel Stress am Ende! Eigenverschulden! Ich hatte meinen Flug in die USA leider so gelegt, dass ich genau beim Abgabetermin nicht in Deutschland sein würde, und sich so die Frage stellte: »Wie bekomme ich meine Mappe termingerecht und sicher nach Hamburg?« Der Postweg kam für mich nicht in Frage: Ich hatte so viel Zeit und Geld in meine Mappe investiert, dass ich der Post nicht genügend Vertrauen entgegenbrachte um ihr »mein Baby« anzuvertrauen.

Glücklicherweise studierte bereits eine Bekannte in Hamburg, die so freundlich war, meine Mappe mit nach Hamburg zu nehmen und dort für mich abzugeben! Glück gehabt!

Letzte Woche habe ich Bescheid bekommen, dass ich mich mit meiner Mappe zum 2. Teil der Eignungsprüfung qualifiziert habe! Momentan bereite ich mich auf die Prüfung vor und hoffe, zum Sommersemester mein Studium beginnen zu können.

Ich wünsche euch gutes Gelingen für was auch immer ihr euch entscheidet. Haltet die Ohren steif und – wer weiß, vielleicht hört der eine oder andere später mal was von mir!

LYNN SCHNEIDER

Ich wollte nach meiner Ausbildung als Gestalterin für visuelles Marketing eigentlich studieren, um meine Leidenschaft für Mode auszuleben. Mich hat Mode schon immer interessiert, und deshalb wollte ich in diesem Bereich auch beruflich Fuß fassen. Während meiner Arbeit an der Mappe habe ich eine neue Stelle in einem großen Modeunternehmen angetreten.

Nach einem längeren Zeitraum in diesem Job war ich mir nicht mehr so sicher, ob ein Studium für mich das Richtige wäre, da ich nun beruflich bereits mit Mode arbeitete. Ich führte mir vor Augen, welche Tätigkeiten mich mehr interessierten, und mir wurde klar, dass ich meinen jetzigen Beruf dem Studium vorzog.

Ich habe also keine Mappe fertig gestellt, aber ich konnte viele Kenntnisse gewinnen, die meine zeichnerischen Fähigkeiten erweitert haben.

**EHEMALIGE SCHÜLER
BLICKEN ZURÜCK**

DESIGN MEDIEN KOMMUNIKATION
7. Semester
Fachhochschule Dortmund

Bewerbungen:
_Folkwang Universität der Künste
 (Mappe)
_Fachhochschule Dortmund
 (Mappe + Hausaufgabe)

Nach dem Abitur war für mich klar, dass ich alles versuchen würde, Design zu studieren. Ich hatte großen Respekt vor der Mappenauswahl und den Eignungsprüfungen und so entschloss ich mich, mir Hilfe bei Renata Lajewski zu holen.

Die Zeit in ihrem Atelier war etwas ganz Besonderes für mich: Ich lernte richtig zu sehen und das Gesehene zu zeichnen. Mit der Zeit fand ich recht schnell einen Stil, mit dem ich mich wohl fühlte, und den Renata noch so gerade eben akzeptieren konnte, denn es überwogen bei mir die abstrakten, wilden, künstlerischen Arbeiten anstelle der guten Zeichnungen.

Allein meine Zeichnung »der Augapfel« hatte ich in über 20 Übungszeichnungen vorbereitet und entwickelt, bis Renata endlich zufrieden war und ich die Zeichnung auf dem guten »Mappenpapier« wiederholen durfte.

Der Kurs bei Renata hat mir gezeigt, dass jeder zeichnen lernen kann, aber man genug Durchhaltevermögen und Ehrgeiz mitbringen sollte, wenn man das Ziel, die bestandene Aufnahmeprüfung der Wunsch-Uni, wirklich erreichen will.

Rückblickend betrachtet kann ich diese Vorbereitungszeit nur jedem empfehlen, denn auch wenn ich seit der Mappe nie wieder einen Stift in die Hand genommen habe, so hat der Mappenkurs trotzdem viele interessante Techniken vermittelt. Vor allem wurde mein Auge im richtigen Sehen geschult, was mir gerade bei der Fotografie sehr viel weiterhilft.

Damals war meine Wunsch-Universität Essen, wo ich jedoch nur mit der Mappe und der Hausaufgabe angenommen wurde und dann vor Ort im dreitägigen Auswahlverfahren durchgefallen bin.

Meine Alternative war die Fachhochschule Dortmund, wo ich nun im 7. Semester studiere. Hier heißt der Studiengang »Design Medien Kommunikation« und ist ein Bachelor-Studiengang mit einer Regelzeit von 6 Semestern.

Das Studium an der FH ist recht frei und offen, man hat keine Pflichtveranstaltungen und in den meisten Seminaren auch keine Anwesenheitspflicht. Man kann sich ganz frei den Stundenplan nach persönlichen Vorlieben gestalten, was bedeutet, dass es durchaus möglich ist den Abschluss zu machen, ohne jemals einen Zeichen- oder Typografiekurs belegt zu haben. Dieses freie System hat daher Vor- und Nachteile, denn wenn man ganz planlos ein bisschen »rumstudiert«, ohne einen sinnvollen Schwerpunkt belegt zu haben, steht man am Ende ohne aussagekräftiges Portfolio da und bekommt nur schwer das Traumpraktikum oder gar den Traumjob.

Daher sollte man sich gut überlegen, ob so ein freies Studium etwas für einen ist. Wenn ja, sollte man in den ersten beiden Semestern einmal in alle Bereiche reinschnuppern, Typografie, Illustration, Malerei oder auch Foto, aber sich dann schon bald über eine mögliche Berufssparte Gedanken machen, denn sonst verliert man sich am Ende in dem riesigen Seminar-Angebot.

Leider habe ich erst im 6. Semester gemerkt, dass ich mich eigentlich die ganze Zeit mit möglichst geringem Aufwand durch das Studium geschummelt habe. Im ersten Semester war ich noch mit totalem Herzblut dabei, aber am Ende des Semesters, als ich in allen Seminaren die Note 1 bekommen hatte, war meine Anfangseuphorie vorbei.

Bei Renata hatte ich gelernt, dass ich froh sein konnte, wenn ich überhaupt angenommen werde, und nun prasselten die besten Noten auf mich ein, obwohl ich doch nur ein kleiner Erstsemestler war und noch nicht viel gelernt hatte. So schummelte ich mich auf dem Weg des geringsten Widerstandes durch das Studium, wählte nur Seminare, wo man möglichst viele Semester-Wochenstunden angerechnet bekommt, und wo die Professoren und Dozenten den Ruf hatten, gute Note zu geben, auch wenn man nicht jedes Mal am Seminar teilnahm.

Mein Rekord im dreisten Absahnen war ein Seminar, wo ich zum ersten Termin hinging, mich in die Kursliste eintrug, und dann am Ende des Semesters ohne eine einzige Korrektur des Dozenten zur Prüfung ging, und trotzdem eine 1 bekam.

Das Prinzip des Durchmogelns klappt in Dortmund gut, doch obwohl ich einen sehr guten Notendurchschnitt habe, habe ich kein vorzeigbares Portfolio und werde daher eigentlich erst jetzt, im 7. Semester, richtig anfangen zu studieren.

Positiv ist allerdings die gute Vernetzung der Studiengänge, sodass ich mich vom Grafikbereich entfernt habe und mich stattdessen verstärkt mit der Reportagefotografie auseinandersetzen werde. Auch meine Bachelor-Arbeit mache ich voraussichtlich im fotografischen Bereich, damit ich nicht als »Agentur-Tussi« in einer Werbeagentur ende.

BEWERBUNGSMAPPE FOLKWANG UNIVERSITÄT DER KÜNSTE / FACHHOCHSCHULE DORTMUND

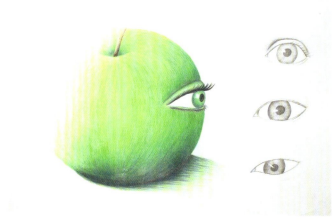
Apfel + Auge = Augapfel

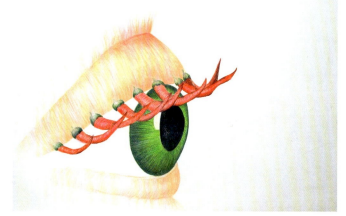
Der scharfe Blick

Katzenauge

Blickfang

Augapfel – selbstgemeißeltes Steinobjekt

Stempelapfel

Apfelkippen

Der Apfel

JANIN TYBURSKI
BEWERBUNGSMAPPE FOLKWANG UNIVERSITÄT DER KÜNSTE / FACHHOCHSCHULE DORTMUND

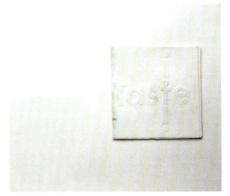

Leporello

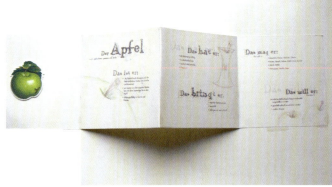

Leporello aufgeklappt

Geruchssinn 1

Geruchssinn 2

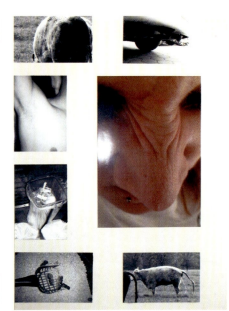

Gestank

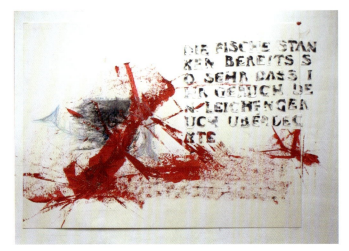

Geruchssinn 3, angelehnt an »Das Parfüm« von Süskind

Geruchssinn Parfüm

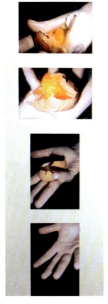

Tastsinn 1

Tastsinn 2

Tastsinn 3

Dicke Lippe

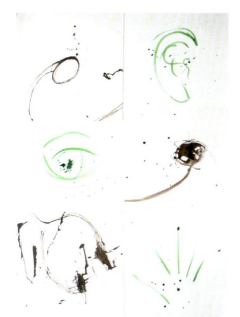

Experimente mit Tinte

Fleischfressende Pflanzen

Mädchenporträt mit Wackelkarten

JANIN TYBURSKI
BEWERBUNGSMAPPE FOLKWANG UNIVERSITÄT DER KÜNSTE / FACHHOCHSCHULE DORTMUND

Musik

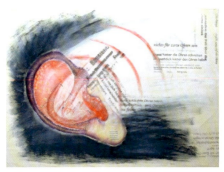
Ohr

Porträt Augen

Porträt Hand

Porträt Mund

Porträt Ohren mit Soundkarte unterm Hörschutz

Tattoo

Der Kuss

HAUSAUFGABEN

Partyplakat mit Schafen 1

Partyplakat mit Schafen 2

Wirbelsturm in Disneyland

Flugobjekt Pusteblume

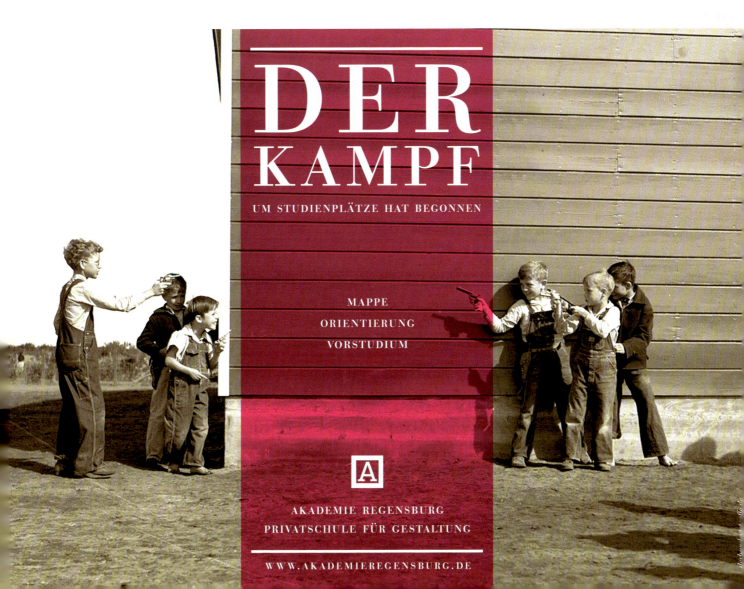

PRODUKTDESIGN
6. Semester,
Fachhochschule Münster

Bewerbung:
_Fachhochschule Münster
 (Mappe + Skizzenbücher)

Wechsel von Kommunikationsdesign zu Produktdesign.

Was ich über meine Zeit mit Renata erzählen kann? – Es war das produktivste, wohl kreativste Jahr, das ich bis jetzt erlebt habe!

Ich habe bei Renata am Mappenkurs teilgenommen, und unter ihrer Leitung meine Mappe für den Studiengang Kommunikationsdesign geschaffen. Gedauert hat es mit allem Drum und Dran ca. ein Jahr, in dem ich sehr viel dazugelernt habe.

Anfangs erlernt man die Grundlagentechniken, Licht und Schatten, richtige Platzierung auf dem Papier, Farbenlehre, etc. Man wundert sich, wie viele Fehler man doch noch macht! Danach überlegt man sich ein Thema und fängt mit einem Brainstorming an. Alles was einem einfällt wird zu Papier gebracht. Das war schon einmal eine große Hilfe, denn im Studium geht man genauso an ein Thema heran. Viele der Techniken, die Renata mir beigebracht hat, hat sie sich selbst ausgedacht oder entwickelt. Mit diesen konnte ich im Studium viele gute Ergebnisse erzielen, vor allem dadurch, dass sie neu und unbekannt waren! So mancher Professor hat da nicht schlecht gestaunt.

Nach dem Brainstorming wurde skizziert, die Skizzen weiterentwickelt und perfektioniert. Nach und nach entstanden dann die zig Arbeiten für die Mappe.

Renata sagt dir nicht, was du zu tun oder zu lassen hast, die Ideen musst du schon selber haben, ohne Kreativität geht's nicht. Sie gibt gute Ratschläge und versucht dich durch dezentes Lenken selbst zum besten Ergebnis zu führen. Ich war sehr gerne bei ihr und möchte die Zeit nicht missen. Ich habe mich stets wohl gefühlt, auch unter den anderen Mappenschülern. Es war immer eine familiäre Atmosphäre, wir haben während des Kurses Tee getrunken und Geschichten erzählt, Bücher gewälzt und Ideen gesammelt. Kunstnächte wurden veranstaltet, in denen man die ganze Nacht an seinen Arbeiten weiterspinnen konnte. Wurde man müde, nahm man seinen Schlafsack und konnte sich kurz ausruhen – einfach klasse!

Ich habe viel dazugelernt und würde jederzeit wiederkommen. Ich bin heute noch von meiner Mappe begeistert, es ist eine richtig schöne Zusammenstellung geworden. Ich habe mich in Münster für Kommunikationsdesign beworben und wurde mit der Mappe direkt zur Eignungsprüfung am nächsten Tag zugelassen.

Einen Monat später bekam ich mein Anmeldeformular und den Immatrikulationsbescheid. Im Frühjahr konnte ich dann als Erstsemester anfangen. – War ich nervös, als ich zum ersten Mal die Räume unserer Fachhochschule betreten habe! Aber meinen Mitstreitern ging es genauso. Schnell hat man Kontakte geknüpft und Interessen ausgetauscht.

Design ist aber nicht Kunst, man vertut sich da gern, das musste ich zu meinem Bedauern feststellen. Im Grundstudium hat man noch Gestaltungslehre und Zeichenkurse, da kann man noch selber zeichnen und künstlerisch sein, danach spezialisiert sich alles auf das Gestalten am Rechner. Corporate Design, Corporate Identity, Logos entwerfen, Visitenkarten, Buch- und Magazingestaltung, Druckausgabe … und und und. Natürlich habe ich das auch gerne gemacht, aber mir fehlte einfach das Selber-Zeichnen, eigene Ideen mit einzubringen und erfinderisch sein zu können. Ich hätte auch Illustration wählen können, dann sehen die Berufschancen aber schon wieder ganz anders aus. Als Illustrator ist man eingeschränkter, kann nur in der Selbständigkeit arbeiten und leben, es ist schwierig, sich mit dem Beruf »über Wasser« zu halten. Das wäre nichts für mich gewesen. Dann habe ich parallel die Produktschiene mal angetestet. Entwerfen, Skizzieren, Erfinden, Prototypen bauen, reale Produkte … genau mein Ding!

Daraufhin habe ich den Studiengang gewechselt, und mache jetzt Produktdesign. Ich habe während des Studiums meine Stärken in bestimmten Dingen entdeckt und gemerkt, dass ich in der Produktwelt einfach besser aufgehoben bin. Die Mappe wäre für Produktdesign aber niemals so schön geworden! Manchmal entwickeln sich die Dinge eben ganz anders als man denkt.

Was ich über Renata als Person sagen kann?

Eine liebenswerte, freundliche, herzliche, leicht verrückte, unheimlich begabte Künstlerin, die absolut offen für Neues und interessiert an allem ist. Sie hat ihren eigenen Stil und immer ein Lächeln für dich übrig. Man kann sie einfach nur lieb haben!!!

Ich bin Hetty Hüllstrung, 26 Jahre alt, und studiere in Münster im 6ten Semester Produktdesign. Liebe Grüße.

SKIZZENBÜCHER

HETTY HÜLLSTRUNG
SKIZZENBÜCHER

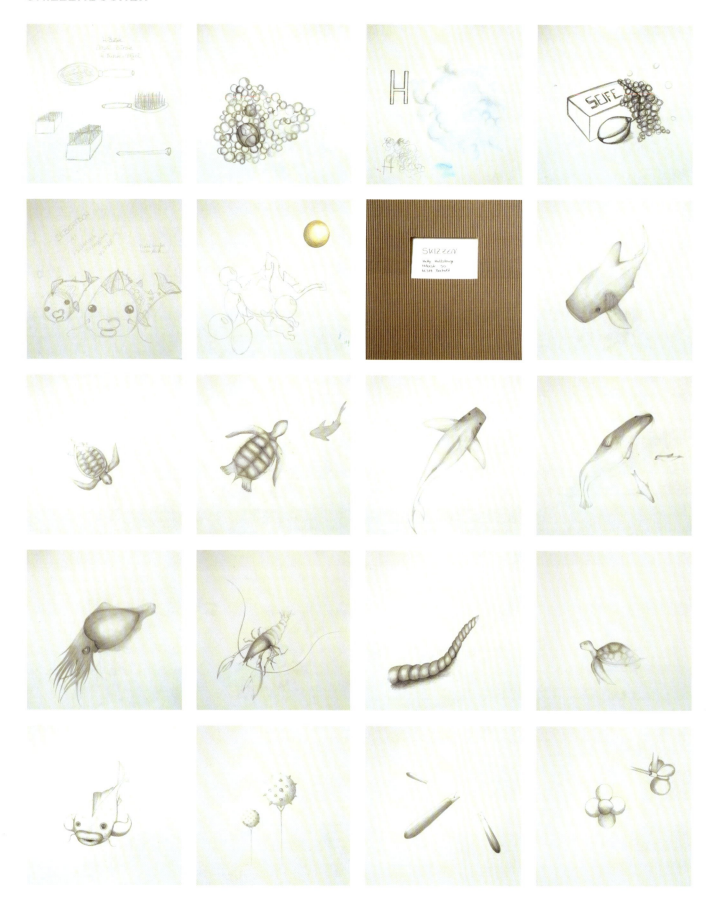

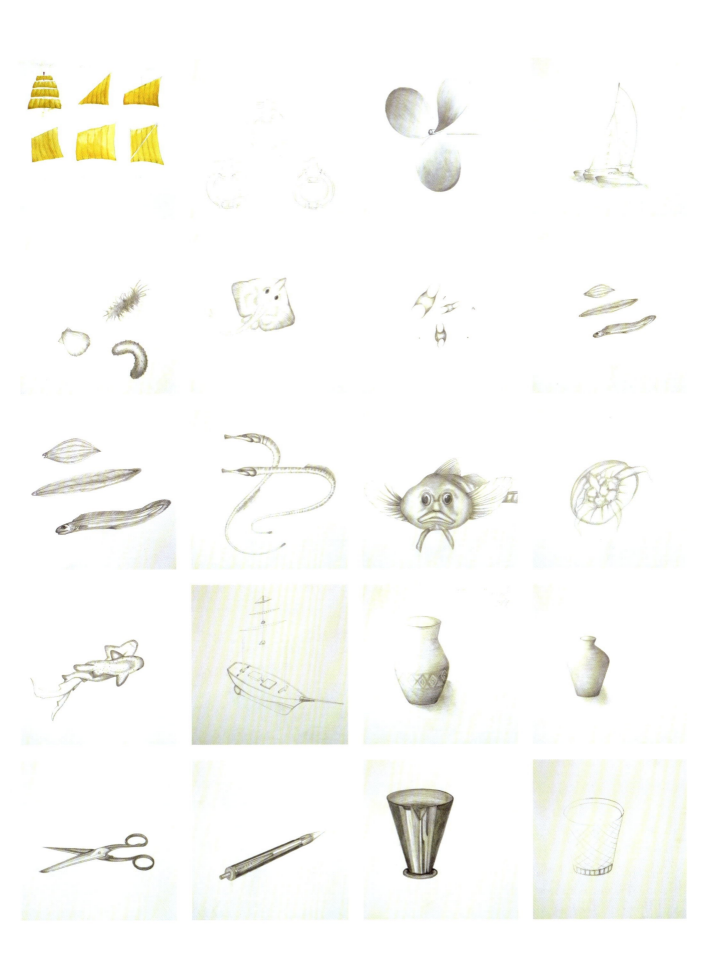

HETTY HÜLLSTRUNG
SKIZZENBÜCHER

BEWERBUNGSMAPPE FACHHOCHSCHULE MÜNSTER

1 | Silberfisch, rot

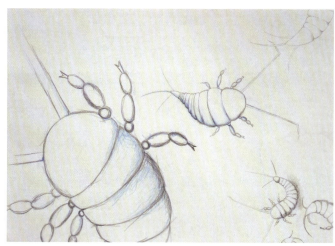

2 | Silberfisch, blau

3 | Wasserhahn

4 | Putzbecher, rot

5 | Putzbecher, Skizze

6 | Quietscheente

7 | Quietscheente Skizze

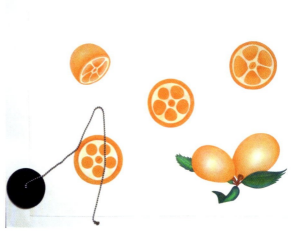
8 | Kumquat, Metamorphose

9 | Schampoo, der Flaschengeist

10 | Haarspray

10 | Haarspray – Detail

HETTY HÜLLSTRUNG
BEWERBUNGSMAPPE FACHHOCHSCHULE MÜNSTER

11 | Spiegelei

11 | Spiegelei

12 | Zahnpasta

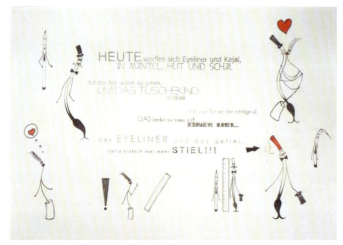

13 | Gedicht

14 | Haarnadel

15 | Haargummi

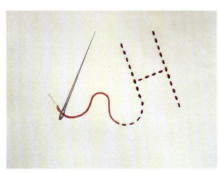

15 | Haargummi – Detail

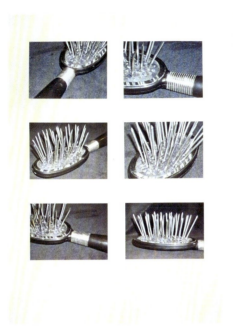

16 | Nagelbürste

17 | Haarschaum

18 | Seifenstein

19 | Kernseife

20 | Silberfische

HETTY HÜLLSTRUNG
BEWERBUNGSMAPPE FACHHOCHSCHULE MÜNSTER

21 | Badeperlen

22 | Muscheln

23 | Dekomuscheln, blau

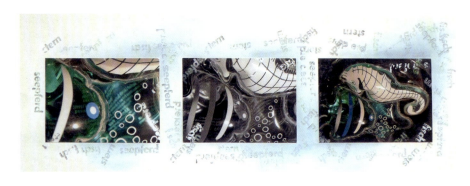

24 | Seifentiere

PETER HATZ

PRODUKTDESIGN
7. Semester
Bauhaus-Universität Weimar

Bewerbung:
_Bauhaus-Universität Weimar
(Mappe + Hausaufgabe)

MEINE ERFAHRUNGEN BEIM MALEREI- UND ZEICHENKURS VON RENATA LAJEWSKI

Als ich mich entschied, Produktdesign zu studieren, hatte ich mein Abitur bereits ein dreiviertel Jahr hinter mir und über mein Studium wusste ich nichts außer dem Wenigen, was ich beim Besuch einer Abi-Messe 2 Jahre zuvor an Informationen gesammelt hatte.

Dort hatte ich schon die Bauhaus-Uni kennengelernt. Ich wollte jedoch nicht einfach so zur erstbesten Hochschule gehen, die ich kannte, also suchte ich über Hochschulrankings und mit Hilfe von Broschüren und Beurteilungen der Hochschulen die attraktivsten zusammen. Mit einem geliehenen Kombi als Notunterkunft und einer Liste mit Fragen für 14 Unis und FHs machten meine Freundin und ich uns auf den Weg, 2000 km und 11 Tage auf der Straße vor uns.

Da ich mich erst im Februar auf den Weg machte, einen Monat vor Ende der Bewerbungsfristen der meisten Hochschulen, war es oft schwierig Ansprechpartner an den Fakultäten zu finden.

An einigen Orten schien es, als habe die Umgebung einen großen Einfluss auf das Hochschulleben und damit die Arbeit. So konnte ich in Trier und Wismar zwar die Unigebäude leicht finden, jedoch kaum Studenten oder Modelle und Arbeitsräume. Die Ansprechpartner an kleineren Instituten waren jedoch meistens sehr freundlich und hilfsbereit.

In Großstädten sind wahrscheinlich auch die hohen Studentenzahlen und die unendlichen Flure mit verantwortlich für die Unnahbarkeit der Internen. An den großen Unis in Berlin und Essen konnte ich auch nur dementsprechend wenig in Erfahrung bringen, ganz im Gegensatz zur Hochschule der Künste in Hamburg, wo man selbst in den Semesterferien auf dem Flur die Arbeit riechen kann.

Nachdem ich schon mit der FH in Dessau eine Bauhaus-Stadt besucht hatte, sollten sich in der nächsten alle meine Bedenken und Zweifel in Luft auflösen: Weimar überzeugte mich umgehend in allen Kriterien:
_Werkstätten (teilweise Hallen) für Metall, Kunststoff, Holz, Gips und Keramik, Siebdruck u. a., Videowerkstatt, Fotowerkstatt, usw. Viele davon mit Arbeitsgeräten auf dem höchsten Niveau ausgestattet, wie etwa einem 3D-Drucker oder einer 5-Achs-CNC-Fräse.
_Das Studium ist ein Projektstudium und man wird im ersten und zweiten Semester in diese Art zu arbeiten sehr gut eingeführt. – Das kannte ich von der Köln ISD, schätzte die aber so ein, als suchten sie bereits etablierte Künstler für die Studienplätze.
_Ich konnte mich damals noch für ein Diplom einschreiben.
_Die Studentenanzahl pro Semester liegt zwischen 20 und 40 Studenten.
_Sogar einer der Professoren nahm sich Zeit mit mir zu sprechen.
_Die Wohnmöglichkeiten sind bestens.

Beeindruckt hatten mich auch Stadt und Universitätsgelände. Weimar ist eine eher kleine Stadt, doch sie brodelt vor Leben, Veranstaltungen und Projekten der Studenten. Gleichzeitig ist die Atmosphäre entschleunigt und entspannt im Vergleich zu anderen Orten. Dieser Eindruck machte sich mir zum ersten Mal bemerkbar, als ich einige Studenten ihre Schreibtische auf der Wiese vor dem Hauptgebäude aufstellen sah.

Auf der Weiterfahrt hatten wir dann einen Studenten als Mitfahrer dabei, der im Jahrgang vor mir die Aufnahme geschafft hatte. Er bot mir später zur Aufnahmeprüfung eine Unterkunft an, damit war die Sache für mich endgültig entschieden. Jetzt musste ich nur noch die Aufnahmeprüfung schaffen.

Da ich auch hier nichts dem Zufall überlassen wollte und über Mappenkurse in meiner Umgebung auch nicht viel mitbekommen hatte, wandte ich mich kurzer Hand direkt an die Autorin des Buchs, das meine Mutter mir zum Thema Bewerbungsmappen besorgt hatte: »Mythos Mappe Machen« von Renata Lajewski.

Nach einem Telefonat bekam ich die Möglichkeit einen Kurs zu machen und wenige Tage später machte ich mich auf den Weg ins 500 km entfernte Bocholt. Da sich alles innerhalb von wenigen Tagen abgespielt hatte, hatte ich mir keine Unterkunft in Bocholt organisieren können. Am Abend vor meinem ersten Kurstag kam ich an und fand unglaublicherweise nach ein wenig Herumfragen ein bezahlbares Zimmer im Stadtzentrum.

Der Kurs dann war das, was ich gerne in der Schule beigebracht bekommen hätte: Ich lernte in kurzer Zeit sehr viele Grundlagen und Techniken, welche mir zuallererst eine Verbesserung, aber auch eine Menge Alternativen für meine Dar- →

PETER HATZ

stellungen eröffneten. Dadurch kam es fast von alleine dazu, dass ich schon vor dem Studium lernte, was Work-Flow bedeutet.

Bevor ich mich dann daran machte die ersten Arbeiten für die Mappe anzufangen, beschäftigten wir uns mit dem Studiengang und ich entschied mich für ein Mappenthema.

Vier von sechs Arbeiten widmete ich dem Thema Fahrzeuge. An ihnen wollte ich darstellerische Qualitäten vermitteln: Ein altes Flugzeug, ein Sportwagenentwurf, eine Vespa und ein Segelschiff.

Die beiden anderen Arbeiten sollten Entwürfe zu von mir selbst gestellten Problemen sein: Ein Wecker, der Schlaf analysiert und entsprechend der Phase weckt. Ein Regenschirm, der angibt, wann er benötigt wird.

Die Techniken, die ich für die Darstellungen verwendet habe, waren Pastell, Tusche, Bleistift, Acryl, Kohle und Fineliner. Für die Entwürfe: Copic-Marker.

Dann kam die Hausaufgabe:

Man hatte die Wahl zwischen zwei gestalterischen Aufgaben, für welche ein Modell gebaut werden sollte, das in ein DHL-Paket Größe M hinein passt.

Außerdem waren drei kurze Fragen (je 1 Seite A4 + Bilder) zu beantworten betreffend Bewertung, Begründung und Innovationsmöglichkeiten für eine Design-Ikone.

Ich wählte das Redesign der Lucky Strike-Schachtel von Raymond Loewy und entwarf davon ausgehend einen Lampenschirm, da es an immer mehr Orten Rauchverbote gab.

Die Alternativen für die handwerkliche Aufgabe waren ein Ausstellungsgegenstand zum Thema Wasser, oder eine portable Sitzgelegenheit zum Beispiel für den Fall, dass das Gras im Park nass ist, oder man auf einem Konzert eine Pause einlegen will, usw.

Die Entscheidung fiel mir leicht, denn ich hatte schon früher einmal die Idee zu einer Sitzgelegenheit gehabt, die man überhaupt nicht mehr schleppen müsste: Der Sitz ist in Form eines arretierbaren Exoskeletts dem Körper zum dauerhaften Tragen angepasst. Mit anderen Worten könnte der Stuhl Teil der Hose sein. Die Idee kam mir beim Anblick einer Schiene, wie sie nach einem Kreuzbandriss getragen wird. Im Skatepark hatte ich einen Bekannten damit fahren sehen.

Ich machte mich sofort daran ein 1:1-Modell zu bauen. Mit der Unterstützung eines befreundeten ehemaligen Oberarztes entwickelte ich einen Entwurf, wobei er selbst nicht ganz so überzeugt war wie ich:

Die Ober- und Unterschenkel sind in flache Halbschalen mit Klettverschlüssen eingespannt. Die oberen Schalen sind durch eine ebenfalls dem Körper angepasste Sitzfläche verbunden. Zwischen Ober- und Unterschenkel befindet sich ein arretierbares Gelenk aus Aluminium. Knickt man in den Knien weiter als 110 Grad ein, werden die oberen Schalen und die Sitzfläche auf den Waden abgestützt.

Dann musste ich wieder nach Bocholt um weiter den Kurs zu besuchen. Dort in der Stadt musste ich irgendeine Möglichkeit finden, Ober- und Unterschenkelschalung und ein Sitzteil herzustellen. Ich suchte nicht sehr lange und fand bald eine Orthopädie-Werkstatt, wo mir freundlicherweise ohne Umstände ermöglicht wurde, alle Teile meines Stuhls, die an ein Körperteil angepasst werden mussten, aus Prothesenkunststoff (PP) zu produzieren. Wieder zu Hause bauten wir das Scharnier und montierten alles. Und tatsächlich: Ich konnte in dem Gestell sitzen und größtenteils die Muskulatur entspannen.

Nachdem ich ein 1:5-Modell aus Blech, Kunstgips-Binden und Epoxyd-Harz für das Paket gebaut hatte, musste noch schnell ein Fotoshooting mit dem Stuhl passieren, um dann ein Faltblatt zu entwerfen. Es sollte sozusagen direkt unter dem

Deckel auf einer A3-Fläche den Entwurf sowie den Entwicklungsprozess darstellen. Darunter baute ich ein Fach für den dritten Aufgabenteil und das Modell.

Als wenige Wochen später die Einladung kam, war die Mappe noch nicht fertig, also hieß es mich ranhalten. Dann fuhr ich mit dem Zug nach Weimar und übernachtete tatsächlich bei dem Mitfahrer von Februar (heute ein guter Studienkollege). Mein Prüfungstermin war nicht sehr früh, also verbrachte ich die Zeit mit den Studenten und skizzierte noch ein wenig.

Als wir dann zur Prüfung in den Saal gebeten wurden, bekam jeder einige Aufgaben auf A4-Blättern mit Platz zum Skizzieren und Schreiben. Wir sollten die Funktionsweise eines Reißverschlusses darstellerisch erklären, und etwa fünf Alternativen aufzählen. (Ich wusste drei. Aber das mit dem Reißverschluss war ja simpel.)

Etwa ein bis zwei Stunden später war ich dann dran und zitterte. Gefühlte zwei Minuten später war ich wieder raus und hatte ein gutes Gefühl. Man hatte mich meine Mappe erklären und einige Fragen beantworten lassen. Ich war gut vorbereitet gewesen auf die Fragen, da sie sich im Rahmen des Erwarteten bewegten, u.a.:
_Warum möchten Sie Design studieren?
_Was möchten Sie unbedingt mal entwerfen?
_Wissen Sie mehr über Raymond Loewy?
_? ...

Außerdem wurde ich gefragt, warum ich nicht einfach (gegen die Vorgaben) ein größeres Paket eingesandt hatte.

Zehn Tage später erklärte mir meine Mutter verschämt, dass sie nicht hatte warten können und die Sekretärin der Uni so lange genervt habe, bis sie ihr verraten hatte, dass ich aufgenommen war.

Zum Semesteranfang wurden wir in Weimar gebührend begrüßt, und wie bereits erwähnt, im Schleudergang durch die sechs Projekte des Einführungssemesters gespült. Bis heute eine der besten Zeiten in meinem Leben.

BEWERBUNGSMAPPE BAUHAUS-UNIVERSITÄT WEIMAR

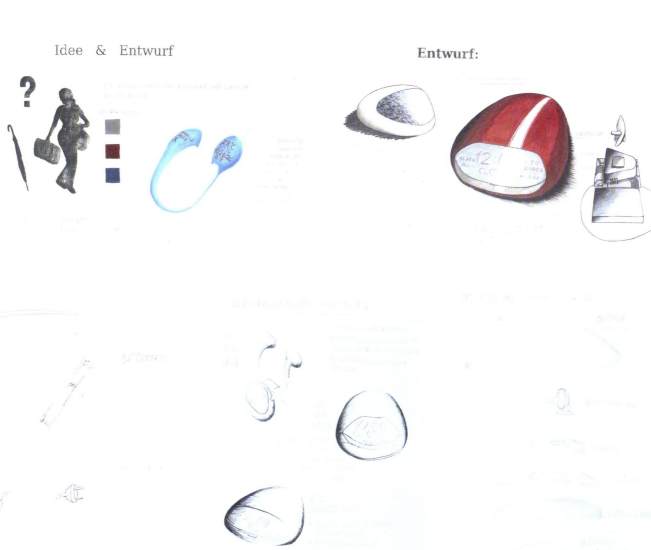

PETER HATZ
BEWERBUNGSMAPPE BAUHAUS-UNIVERSITÄT WEIMAR

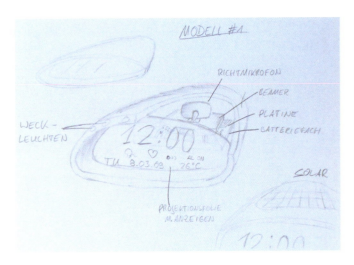
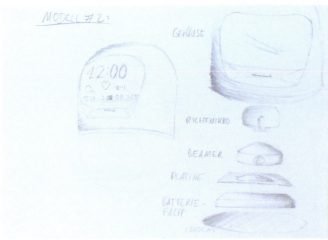
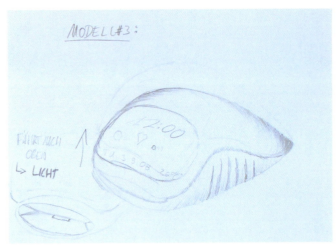
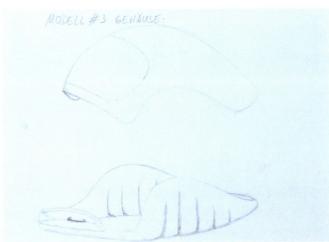
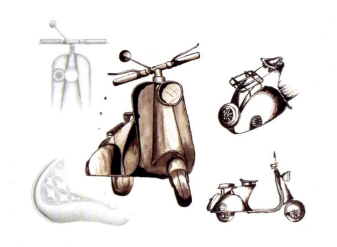

Bestandsanalyse:

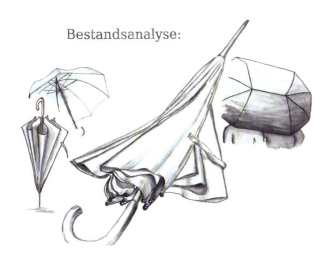

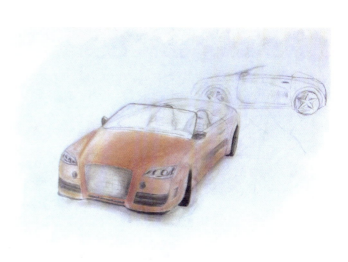

ARCHITEKTUR
5. Semester
msa | münster school of architecture

Bewerbung:
_msa | münster school of architecture
(Mappe + Skizzenbücher)

Mein Berufswunsch Architektin stand eigentlich schon seit meinem 14. Lebensjahr fest. In der Jahrgangsstufe 13 habe ich mich dann mal genauer informiert und gesehen, dass man bei den meisten Fachhochschulen oder Unis eine sogenannte »Mappe« abgeben muss.

Ich habe dann angefangen, Fotos abzuzeichnen, doch ich wusste nicht recht, ob das wirklich das ist, was gefordert bzw. erwartet wird.

An meiner Wunsch-Fachhochschule in Münster, der msa | münster school of architecture, wurden auch Beratungstermine angeboten – doch erst ab Februar, wenn im Mai die Prüfung war. Das war mir zu knapp, da ich gleichzeitig ja auch mein Abi machen würde. Dann bin ich auf einen Kurs bei der VHS gestoßen, der darüber informieren sollte. So habe ich Renata und ihre Kunstschule kennen gelernt und erfahren, dass es nicht darum geht, einfach Fotos abzuzeichnen, sondern dass man einen eigenen Stil entwickelt, Perspektiven erkennen lernt und etwas über die Theorie des Zeichnens erfährt. Bei dem Wochenendkurs haben wir uns auch 2–3 Mappen angeguckt, damit wir uns vorstellen konnten, was gefordert wird. Renata sagte, dass man echt lange braucht, um eine gute Mappe zu erstellen: ca. 6–8 Monate. Doch ich hatte ja »nur« noch 5 Monate und zudem auch noch mein Abitur ...

Daraufhin habe ich mich entschlossen an einem von ihr angebotenen Mappenkurs teilzunehmen, der dann einmal wöchentlich in ihrem Atelier in Bocholt stattfand.

Ich wusste, dass die Zeit knapp war und ich mich echt reinhängen musste, um Abi und Mappe unter einen Hut zu bekommen. Doch mit der professionellen Unterstützung und ein bisschen Ehrgeiz wäre es möglich, dachte ich mir. Außerdem würde ich das Zeichnen so nicht bis kurz vor der Prüfung aufschieben und musste jede Woche etwas machen.

Zwischenzeitlich dachte ich, es wächst mir alles über den Kopf und ich schaffe es nicht rechtzeitig. Die meisten, die zu der Zeit mit mir den Mappenkurs gemacht haben, hatten sich z. B. ein Jahr während des Zivildienstes Zeit genommen. Oder sie waren erst in der Jahrgangsstufe 12 und hatten somit ja auch ein Jahr länger Zeit als ich.

Irgendwann kam ich aber gut voran und in der Endphase habe ich dann noch an einem ganzen Wochenende im Atelier durchgezeichnet und bin zweimal wöchentlich zum Zeichnen nach Bocholt gefahren.

Natürlich war ich bei der Prüfung total aufgeregt. Drei Studenten waren mir zugeteilt und halfen mir, meine Zeichnungen auszubreiten, bevor der Professor kam, der mich beurteilen sollte. Die meinten dann zu mir, dass ich mir gar keine Sorgen machen bräuchte, weil die Mappe so gut sei. Ich dachte aber, dass die das nur sagen würden, um mich aufzumuntern, bis der Prof beim Ausfüllen meines Bewertungsbogens mir gratulierte und meinte, ich könnte mir Hoffnungen auf ein Stipendium machen.

Ich hatte die Mappenprüfung mit 1,5 bestanden! Beim anschließenden Stegreif für das Stipendium, an dem alle teilnahmen, die eine 1,5 oder besser bekommen hatten, schaffte ich es noch, eins der 10 begehrten Stipendien zu ergattern!

Im Endeffekt kann ich sagen, dass mir der Mappenkurs zu einem guten Start ins Studium verholfen hat.

Während der ersten beiden Semester wird an der msa Wert darauf gelegt, dass man auch die Grundlagen des Handzeichnens lernt und nicht direkt alles mit den CAD-Programmen auf dem Computer macht. Deshalb gibt es auch einen Freihandzeichenkurs, der Pflicht ist. Für mich war der eigentlich kein Problem und er hat mir Spaß gemacht – auch aufgrund des Wissens, das ich mir im Mappenkurs angeeignet hatte.

Der Professor, den ich im ersten Semester im Fach Design Basics hatte, hat zum Beispiel darauf bestanden, dass man alle Projekte per Hand zeichnet. Denn so erlernt man die eigentlichen Grundlagen des Entwerfens und Zeichnens und versteht, wie früher Pläne, Grundrisse, etc. entstanden sind. Das kam mir recht gelegen, weil ich ja keine Bauzeichnerlehre gemacht hatte und somit auch noch nie mit dem Computer gezeichnet hatte. So konnte ich mit dem Wissen, das ich hatte, punkten und schöne Zeichnungen präsentieren.

Im weiteren Verlauf des Studiums – ich bin jetzt im 5. Semester und mache nächstes Semester meinen Bachelor – hat mir die Fähigkeit, gut mit der Hand zeichnen zu können, nicht mehr viel bei den Abschlusspräsentationen geholfen, da dann eher 2D- und 3D-Zeichnungen in digitaler Form gefordert werden. Aber während des Semesters, bei Zwischenpräsentationen oder den wöchentlichen Korrekturen, kommen schöne Skizzen immer gut an.

Generell bin ich mit der Wahl meines Studienortes sehr zufrieden. Nicht nur, weil Münster eine schöne Stadt ist, die nahe an meinem Zuhause in Borken liegt, sondern auch, weil die msa in diesem Jahr wieder beim Hochschulranking der Zeitung »Die Zeit« und des Zentrums für Hochschulentwicklung (CHE) im Fach Architektur deutschlandweit das beste Ergebnis erzielt hat, sowohl im Vergleich mit den Fachhochschulen als auch mit den Universitäten – und das im dritten Jahr in Folge. Bewertet wurden die Kategorien: Reputation in Studium und Lehre, Ausstattung der Arbeitsplätze, Praxisbezug, Betreuung durch Lehrende und Studiensituation insgesamt.

SKIZZENBUCH

BARBARA BEERING
SKIZZENBUCH

BEWERBUNGSMAPPE MSA | MÜNSTER SCHOOL OF ARCHITECTURE

BARBARA BEERING
BEWERBUNGSMAPPE MSA | MÜNSTER SCHOOL OF ARCHITECTURE

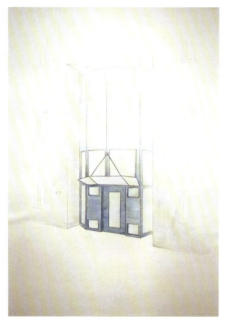

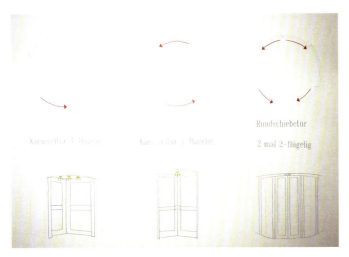

BARBARA BEERING
BEWERBUNGSMAPPE MSA | MÜNSTER SCHOOL OF ARCHITECTURE

HAUSAUFGABE MSA | MÜNSTER SCHOOL OF ARCHITECTURE

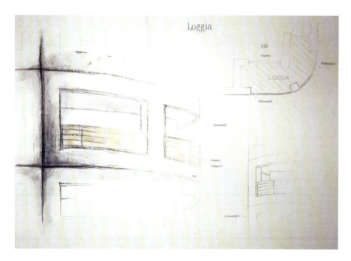
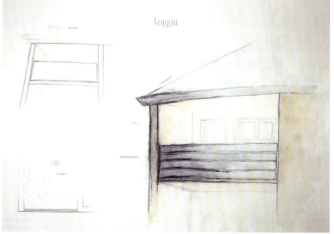
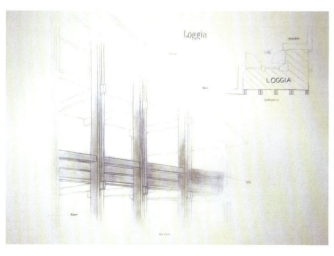

ARCHITEKTUR/INNENARCHITEKTUR
5. Semester
Peter Behrens School of Architecture

Bewerbung:
_msa | münster school of architecture
_Peter Behrens School of Architecture (PBSA), Fachhochschule Düsseldorf

MAPPENVORBEREITUNGSKURS BEI RENATA LAJEWSKI IM JAHRE 2007/2008

Als für mich feststand, dass ich Architektur/Innenarchitektur studieren wollte, waren mehrere Empfehlungen aus meinem Umfeld maßgeblich für die Teilnahme am Mappenvorbereitungskurs bei Renata. Rückblickend empfinde ich die Erfahrung als sehr hilfreich.

Über den Zeitraum eines halben Jahres habe ich den Vorbereitungskurs in Renatas Atelier besucht. Das Arbeiten dort habe ich als sehr intensiv wahrgenommen. Ein großer Pluspunkt war die Gruppengröße. Jeder Teilnehmer wurde durch Renata individuell betreut, so dass jede Arbeit ein persönliches Format bekam.

Anfänglich haben wir Grundlagen des Zeichnens und das Darstellen von Licht- und Schattenverhältnissen gelernt. Nach dem Erlernen der wichtigsten Grundlagen konnten wir uns der Anfertigung der Mappe widmen. Wir wurden sehr gefordert, was dazu führte, dass jeder sehr schnell Fortschritte an sich feststellen konnte.

Im Laufe des Kurses wurden uns viele verschiedene Techniken beigebracht, so dass jeder für sich individuell herausfinden konnte, welche ihm am besten liegt. Wir konnten aufgrund von Renatas großem Erfahrungsschatz und vieler Arbeiten vergangener Kurse aus einer großen Sammlung von Anschauungsmaterial und individuellem Wissen schöpfen.

Mit meiner Mappe habe ich mich in Münster und Düsseldorf beworben. Beide Hochschulen haben mir eine gute bzw. sehr gute Eignung attestiert und mir somit die Möglichkeit gegeben, ein Studium zu beginnen.

In Münster habe ich in einem persönlichen Gespräch meine Mappe einem Fachgremium vorgestellt. Mir wurden Fragen zu meiner Motivation und zu allgemeinen Dingen gestellt und ich musste spontane Skizzen anfertigen. Ich habe diese Situation als sehr angenehm empfunden, da ich mich und meine Motivation so gut darstellen konnte.

In Düsseldorf war nicht nur die Abgabe der Mappe ein Kriterium, sondern auch der separate Eignungstest, in dem man drei zeichnerische Aufgaben lösen musste. Die Vorgaben dieses Tests waren Formen oder Worte. Diese mussten dann mit Hilfe der eigenen Eingebung in Zeichnungen umgesetzt werden.

Letztendlich habe ich mich für die Peter Behrens School of Architecture (PBSA) an der Fachhochschule Düsseldorf entschieden, da ich dort den kombinierten Studiengang »Bachelor of Architecture and Interior Architecture« belegen konnte. – In Münster hingegen hätte ich nur Architektur allein studieren können.

Obwohl ich meinen Masterabschluss trotzdem in Architektur machen werde, bin ich der festen Überzeugung, dass Düsseldorf für mich persönlich die richtige Wahl war. Aufgrund des Fachhochschulstatus wird viel Wert auf praktische Projektarbeit gelegt. Durch gestalterisch darstellende und technologisch/konstruktive sowie theoretisch/historische Fächer, die der Vermittlung des Hintergrundwissens dienen, bekommt man Handwerkszeug mit auf den Weg, das in jedem Semester in einem Entwurf mit komplexen Aufgabenstellungen umgesetzt werden kann.

Oft bearbeiten wir Entwürfe zu realen Gebäuden in Deutschland oder auf der ganzen Welt. Teilweise finden diese im Rahmen von studentischen Wettbewerben statt, bei denen die Möglichkeit besteht, dass der Siegerentwurf umgesetzt wird.

Persönlich habe ich Projekte bearbeitet wie z. B. einen Entwurf zur Umgestaltung der Empfangshalle des Klinikums Solingen, einen zur teilweisen Umnutzung und energetischen Sanierung der Melanchtonkirche Hannover und einen zur Umnutzung eines Pumpwerks des alten Wasserwerks in Witten als Museum zu Ehren des Universalkünstlers Charles Wilp.

Die diversen Entwürfe werden zeichnerisch, meist am PC, und in dreidimensionaler Modellform bearbeitet.

Für die Umsetzung dieser Entwürfe gibt es in der PBSA eine große Holzwerkstatt, in der eigeninitiativ oder mit Hilfe fachkundiger Schreiner Entwürfe in die Tat umgesetzt werden können. Der Gipsraum und das Tageslichtlabor bieten den Studierenden zudem tolle Möglichkeiten. Die meisten Professoren leiten zusätzlich zu ihrer Lehrtätigkeit ihr eigenes Architekturbüro (national oder auch international) und sind somit in der Lage, uns nicht nur theoretisches, sondern auch praktisches und aktuelles Wissen zu vermitteln. Ich empfinde es als motivierend, dass alle Lehrkräfte Freude an ihrer Arbeit vermitteln, kompetent sind und aus einem großen Fundus von jahrelangen Erfahrungen schöpfen können.

Abschließend kann ich sagen, dass ich sehr froh bin, den Vorbereitungskurs belegt zu haben, obwohl ich im Studium viel dazulerne. Da den freihandzeichnenden Fächern im Studium eher wenig Zeit gewidmet wird, kann ich auf das vermittelte Wissen aus Renatas Kurs zurückgreifen. Vielen, die vorher keinen solchen Kurs belegt hatten, fällt es schwer, spontan Ideen zu skizzieren.

Insgesamt konnte ich rückblickend erkennen, dass sich durch die intensiv vermittelten Kursinhalte eine gestalterisch-kreative Grundhaltung bei mir eingestellt hat. Es hilft mir, dass ich gelernt habe, bewusst und durchdacht zu arbeiten und auf Qualität und ein rundes Gesamtbild meiner Arbeiten zu achten. Trotz vieler schöner Arbeiten aus dem Studium ist die Mappe immer noch eine meiner liebsten, da sie mich an die eingebrachte Mühe und das Gelernte erinnert. Sie ist für mich immer noch eine vollständige runde Arbeit, auf die ich stolz bin. ∎

HANNAH BUSSKAMP
BEWERBUNGSMAPPE PETER BEHRENS SCHOOL OF ARCHITECTURE (PBSA),
FACHHOCHSCHULE DÜSSELDORF

1 | Kettenkarussell | Bleistift

2 | Treppen | Bleistift

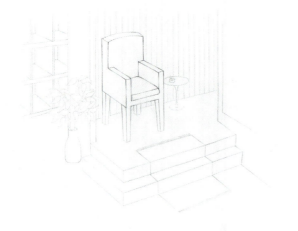

3 | Innenraum | Bleistift

4 | Stuhlreihen | Bleistift, Kartoffeldruck

5 | Pop-Up Stuhl | Mischtechnik

6 | Sitzgruppe | Mischtechnik

HANNAH BUSSKAMP | **EHEMALIGE SCHÜLER**

7 | Metamorphose Armlehne – Stuhlbein | Pastell

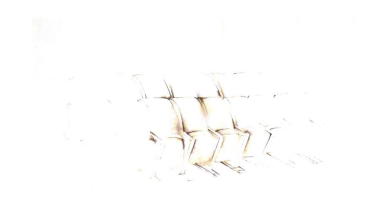

8 | Kinostuhlreihe | Tusche

9 | Stuhlbein Metallic | Mischtechnik

10 | Epochenstudie | Bleistift, Buntstift

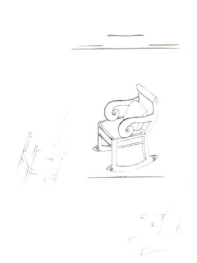

11 | Pop-Up Schaukelstuhl | Buntstift

HANNAH BUSSKAMP
BEWERBUNGSMAPPE PETER BEHRENS SCHOOL OF ARCHITECTURE (PBSA),
FACHHOCHSCHULE DÜSSELDORF

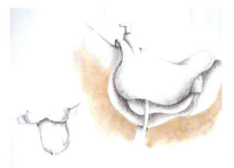

12 | Sattel | Mischtechnik

14 | Fotoreihe »Fahrbare Sitzgelegenheiten«

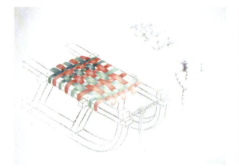

13 | Schlitten | Mischtechnik

15 | Fotoreihe »Türen«

16 | Fotoreihe »Dächer«

17 | Fotoreihe »Gebäude«

WEITERE ARBEITEN FÜR DIE BEWERBUNGSMAPPE MSA | MÜNSTER SCHOOL OF ARCHITECTURE

Dachaufbau | 3D-Technik, Mischtechnik

Dachstudie | Bleistift

Dächer von oben | Aquarell

Leuchtturm | Tusche

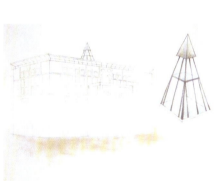

modernes Dach | Bleistift, Aquarell

HANNAH BUSSKAMP
HAUSAUFGABE MSA | MÜNSTER SCHOOL OF ARCHITECTURE

Hausarbeit | Loggia | Aquarell

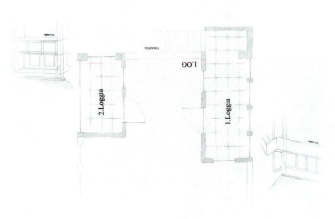

Hausarbeit | Loggia | Bleistift

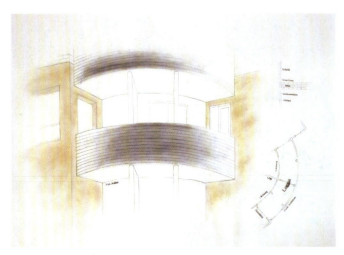

Hausarbeit | Loggia | Mischtechnik

CHECKLISTEN

Testen Sie sich selbst, welche Studienrichtung die richtige für Sie ist!

_Kommunikationsdesign
_Industrie-, Produkt- und Objektdesign
_Modedesign
_Architektur/Innenarchitektur

KOMMUNIKATIONSDESIGN

Überraschen Sie! Die Idee steht an erster Stelle neben dem Handwerk. Wählen Sie ungewöhnliche Perspektiven. Experimentieren Sie, präsentieren Sie neue Techniken. Oder bedienen Sie sich alter Techniken, die Sie neu professionell interpretieren, wie zum Beispiel das »Prickeln« oder das Pusten von Farbe durch einen Strohhalm.

Setzen Sie Begriffe in Bilder um, ob fotografisch oder zeichnerisch. So hat eine meiner Schülerinnen den Begriff »Eisbein« mit Hilfe von Fotografie und Typografie umgesetzt. Sie setzte eine Barbiepuppe auf eine Dose Sauerkraut, stellte diese in den Schnee und fotografierte ausschnittsweise nur die Beine auf der Dose mit dem Schnee. Dann druckte sie den Begriff mit Stempeln darunter.

Erzählen Sie zeichnerisch Geschichten. Illustrieren Sie Sprüche, Weisheiten oder Begriffe. Das Arbeiten mit Schrift und Schriftkompositionen ist nicht unwesentlich. Aber Vorsicht: Haben Sie sich mit der Typografie noch nicht vertraut gemacht, lassen Sie sie besser weg. Skizzieren Sie Objekte in verschiedenen Techniken, die zu Ihrem gewählten Thema passen.

TESTEN SIE SICH SELBST, OB DIESE STUDIENRICHTUNG DIE RICHTIGE FÜR SIE IST!

INTERESSEN, DIE SIE MITBRINGEN SOLLTEN, ODER DIE AUF JEDEN FALL VON VORTEIL SIND:

_Neigung zu zeichnerisch-entwerfender Tätigkeit
_Neigung zu visuell-gestaltender, formgebender Tätigkeit
_Interesse an Design-Entwicklungen/-Trends
_Interesse an Kunst und Kunstgeschichte
_Interesse an Datenverarbeitung/Arbeit am Computer
_Farbgestaltung

DIESE VORAUSSETZUNGEN SIND NOTWENDIG FÜR DIESEN BERUFSZWEIG:

_Neigung zur planender, organisierender Tätigkeit
_Betriebswirtschaftlich denken und kalkulieren können
_Freude an Zeichnen und Objektgestaltung
_Verhandlungsgeschick
_Überzeugungskraft

DIESE KENNTNISSE SIND WICHTIG FÜR DIE SPÄTERE BERUFSTÄTIGKEIT UND WERDEN TEILWEISE – JE NACH SCHWERPUNKT – IM STUDIUM ERWORBEN:

_Drucktechniken, Buchdrucktechniken
_Illustration/Buchgestaltung
_Spielerischer Einsatz von Typografie
_Umgang mit dem Werkstoff Papier
_Lithografie
_Digitale Techniken (Bildbearbeitung/Photoshop, In-Design, Illustrator)
_Layout (Konzeption und Entwurf)
_Film-, Video-, Animations-, Foto-, Tongestaltung
_Werbefotografie

VON VORTEIL SIND KENNTNISSE IN:

_Zeichnen und grafische Fertigkeiten
_Bereich CAD
_Fotografie
_Fremdsprachen (Produktion oft im Ausland)

NOTWENDIGE FÄHIGKEITEN:

_Zielgruppenorientiertes Arbeiten
_Gutes bis durchschnittliches visuelles und räumliches Vorstellungsvermögen, (z. B. für das Anfertigen von Skizzen und Zeichnungen perspektivischer Entwürfe)
_Gutes zeichnerisches und plastisches Darstellungsvermögen
_Gute Handgeschicklichkeit (Auge-Hand-Koordination)
_Gute Fingergeschicklichkeit
_Mechanisch-technisches Verständnis
_Einfallsreichtum, Ideen
_Kreatives unkonventionelles Denken
_Fähigkeit zum Planen und Organisieren
_Gutes Ausdrucksvermögen (Besprechen von Entwürfen, Präsentieren von Produkten, Beraten von Kunden)

NOTWENDIGE PSYCHISCHE FAKTOREN:

_Planvolle, systematische Arbeitsweise
_Selbständiges Arbeiten (kreative Umsetzung von Vorlagen und eigene Ideen)
_Fähigkeit zur Selbstkritik (Betrachtung der eigenen Arbeiten mit innerer Distanz)
_Fähigkeit zu Teamarbeit
_Kompromissbereitschaft (Realisierungsmöglichkeiten Preis-Leistung)
_Flexibilität (wechselnde Aufgaben und Anforderungen)
_Stressbewältigung (oft Zeitmangel bei Termindruck)
_Belastbarkeit (Arbeit unter Zeitdruck)

NACHTEILIG SIND:

_Abneigung gegen das Anfertigen von schriftlichen Ausarbeitungen
_Chaotische, unsystematische Arbeitsweise
_Abneigung gegen technische Fragestellungen (maschinelle, computerunterstützte Produktionsverfahren)
_Fehlender Sinn für die ästhetische Wirkung von Formen, Farben und Proportionen.
_Mangel an Selbständigkeit
_Mangel an Flexibilität
_Unzureichende geistige Spannkraft und Ausdauer
_Unzureichende Stressresistenz

INDUSTRIE-, PRODUKT- UND OBJEKTDESIGN

Es ist wichtig zielgruppenorientiert Ideen zu produzieren. Ideen, die auf dem Papier als Entwurf entstehen, aber auch praktisch funktional umgesetzt werden können. Fotos könnten dann die projektbezogene Arbeit dokumentieren.

Konstruktive Zeichnungen von Objekten sind wichtig. Zeigen Sie, dass Sie verschiedene Materialien darstellen können wie Metall, Glas, Holz, ... Vergessen Sie dabei aber Ihr Mappenthema nicht.

Perspektivisch »richtige« Arbeiten sind hier besonders wichtig. Achten Sie auf Perspektiven und Ellipsen. Outline-Arbeiten unterstützen die Darstellung von Funktionen.

Seien Sie vorsichtig mit Arbeiten aus dem Bereich Akt und Porträt. Solche Arbeiten haben in dieser Mappe in der Regel nichts zu suchen.

TESTEN SIE SICH SELBST, OB DIESE STUDIENRICHTUNG DIE RICHTIGE FÜR SIE IST!

INTERESSEN, DIE SIE MITBRINGEN SOLLTEN, ODER DIE AUF JEDEN FALL VON VORTEIL SIND:

_Neigung zu zeichnerisch-entwerfender Tätigkeit
_Neigung zu visuell-gestaltender, formgebender Tätigkeit
_Interesse an Design-Entwicklungen/Trends
_Interesse an Kunst und Kunstgeschichte
_Interesse an der Arbeit am Computer
_Gute Geometriekenntnisse
_Vorstellungsvermögen
_Neigung zu planender, organisierender Tätigkeit/Projektarbeit
_Neigung zu kaufmännischem, am wirtschaftlichen Erfolg orientiertem Denken
_Verhandlungsgeschick und Freude am Umgang mit Menschen

DIESE VORAUSSETZUNGEN SIND NOTWENDIG FÜR DIESEN BERUFSZWEIG:

_Durchschnittliche Leistungen in Deutsch
_Gute Leistungen in Physik und Mathematik

DIESE KENNTNISSE SIND WICHTIG FÜR DIE SPÄTERE BERUFSTÄTIGKEIT UND WERDEN TEILWEISE – JE NACH SCHWERPUNKT – IM STUDIUM ERWORBEN:

_Rohstoffe und Produkte (Holz, Kunststoff, Metall, Porzellan, neue Materialien wie Faserverbundstoffe)
_Produktdesign (Konzeption und Entwurf)
_Produktgestaltung
_Modellbau
_CAD (Grafik-Software)
_Materialwirtschaft
_Konstruktions- und Fertigungsverfahren
_Betriebswirtschaftslehre
_Psychologie und Soziologie
_Marketing

VON VORTEIL SIND KENNTNISSE IN:

_Technisches Zeichnen
_Zeichnen und grafische Fertigkeiten
_Bereich CAD
_Fotografie
_Fremdsprachen (Produktion oft im Ausland)

NOTWENDIGE FÄHIGKEITEN:

_Gute bis durchschnittliche Beobachtungsgabe für Helligkeitsunterschiede, Abmessungen, Formen und Farben (Arbeit am Modell nach Vorlagen)
_Gutes bis durchschnittliches visuelles und räumliches Vorstellungsvermögen, (z. B. für das Anfertigen von Skizzen und Zeichnungen perspektivischer Entwürfe)
_Gutes zeichnerisches und plastisches Darstellungsvermögen
_Gute Handgeschicklichkeit (Auge-Hand-Koordination)
_Gute Fingergeschicklichkeit
_Mechanisch-technisches Verständnis
_Zielgruppenorientiertes Arbeiten
_Sinn für Form und Farben, modisches Empfinden, Sensibilität für Geschmacks-Trends

NOTWENDIGE PSYCHISCHE FAKTOREN:

_Planvolle, systematische Arbeitsweise
_Selbständiges Arbeiten (kreative Umsetzung von Vorlagen und eigene Ideen)
_Fähigkeit zur Selbstkritik (Betrachtung der eigenen Arbeiten mit innerer Distanz)
_Stressbewältigung (oft Zeitmangel bei Termindruck)
_Fähigkeit zu Teamarbeit
_Kompromissbereitschaft (Realisierungsmöglichkeiten Preis-Leistung)
_Flexibilität (wechselnde Aufgaben und Anforderungen

NACHTEILIG SIND:

_Abneigung gegen das Anfertigen von schriftlichen Ausarbeitungen
_Widerstand gegen Arbeit nach Vorgabe
_Abneigung gegen technische Fragestellungen (maschinelle, computerunterstützte Produktionsverfahren)
_Fehlender Sinn für die ästhetische Wirkung von Formen, Farben und Proportionen.
_Mangel an Selbständigkeit
_Fehlende Flexibilität
_Unzureichende geistige Spannkraft und Ausdauer
_Unzureichende Stressresistenz

MODEDESIGN

Zeigen Sie, dass Sie zeichnen können. Die Materialdarstellung ist wichtig. Stellen Sie Faltenwürfe oder Materialien wie Leder, Fell, verschiedene Stoffe dar. Zeichnungen und Skizzen von Menschen sind ebenfalls wichtig: Porträt- und Aktzeichnungen mit Zeichenkohle oder der Rohrfeder zum Beispiel.

Zeigen Sie in Ihren Arbeiten, dass Sie einen Sinn für Farbkompositionen haben. Eigene Ideen und Entwürfe sollten nur reduziert angeboten werden. Zeichnen Sie Accessoires und stellen Sie Ausschnitte von Objekten dar, wie zum Beispiel die Vergrößerung eines Stücks Reißverschluss.

Seien Sie vorsichtig mit Mode-Figurinen: Nicht alle Universitäten und Fachhochschulen wünschen diese. ∎

TESTEN SIE SICH SELBST, OB DIESE STUDIENRICHTUNG DIE RICHTIGE FÜR SIE IST!

INTERESSEN, DIE SIE MITBRINGEN SOLLTEN, ODER DIE AUF JEDEN FALL VON VORTEIL SIND:

_Neigung zu zeichnerisch-entwerfender Tätigkeit
_Neigung zu visuell-gestaltender, formgebender Tätigkeit
_Interesse an Modedesign-Entwicklungen/-Trends
_Kunst und Kunstgeschichte, Designgeschichte, Kostümgeschichte
_Verarbeitung von textilen Materialien

DIESE VORAUSSETZUNGEN SIND NOTWENDIG FÜR DIESEN BERUFSZWEIG:

_Neigung zur planender, organisierender Tätigkeit
_Betriebswirtschaftlich denken und kalkulieren können
_Freude an Zeichnen und Textilgestaltung
_Verhandlungsgeschick
_Überzeugungskraft

DIESE KENNTNISSE SIND WICHTIG FÜR DIE SPÄTERE BERUFSTÄTIGKEIT UND WERDEN TEILWEISE – JE NACH SCHWERPUNKT – IM STUDIUM ERWORBEN:

_CAD-Technik (Grafik-Software)
_Grundlagen der Gestaltung (Formen-/Farbenlehre)
_Gestaltung/Darstellung (Akt-/Modell-/Objektzeichnen)
_Gestaltungstechnik Mode (Produkt-/Modezeichnen)
_Umgang mit dem Werkstoff/Verarbeitung von textilen Produkten
_Grundlagen der Bekleidungskonstruktion (Damenoberbekleidung, Herrenbekleidung)
_Entwurfstechnik Mode
_Bekleidungsfertigung/-technologie
_Konfektionstechnologie
_Kollektionsentwicklung
_Maschinenkunde
_Textilchemie
_Kommunikationswissenschaft
_Marketing
_Soziologie
_Psychologie
_Recht

VON VORTEIL SIND KENNTNISSE IN:

_Beherrschen von Handarbeitstechniken (Nähen, Zuschneiden, Stricken, ...)
_Kenntnisse im EDV-Bereich (CAD/Computergrafik, Internet, Neue Medien)
_Fotografie
_Fremdsprachen (Produktion oft im Ausland)

NOTWENDIGE FÄHIGKEITEN:

_Gutes bis durchschnittliches visuelles und räumliches Vorstellungsvermögen, (z. B. für das Anfertigen von Skizzen und Zeichnungen)
_Gutes zeichnerisches und plastisches Darstellungsvermögen
_Gute Handgeschicklichkeit (Auge-Hand-Koordination)
_Gute Fingergeschicklichkeit
_Mechanisch-technisches Verständnis
_Einfallsreichtum, Ideen
_Kreatives unkonventionelles Denken
_Fähigkeit zum Planen und Organisieren
_Ausgeprägter Sinn für ästhetische Wirkung von Helligkeitsunterschieden, Formen, Farben und Massen
_Gutes Ausdrucksvermögen (Besprechen von Entwürfen, Präsentieren von Produkten, Beraten von Kunden)

NOTWENDIGE PSYCHISCHE FAKTOREN:

_Planvolle, systematische Arbeitsweise
_Selbstständiges Arbeiten (kreative Umsetzung von Vorlagen und eigene Ideen)
_Selbstkritik (Betrachtung der eigenen Arbeiten mit innerer Distanz)
_Fähigkeit zu Teamarbeit
_Kompromissbereitschaft (Realisierungsmöglichkeiten Preis-Leistung)
_Flexibilität (wechselnde Aufgaben und Anforderungen)
_Stressbewältigung (oft Zeitmangel bei Termindruck)
_Belastbarkeit (Arbeit unter Zeitdruck)
_Aufgeschlossenheit für Neues

NACHTEILIG SIND:

_Abneigung gegen das Anfertigen von schriftlichen Ausarbeitungen
_Chaotische, unsystematische Arbeitsweise
_Abneigungen gegen technische Fragestellungen (maschinelle, computerunterstützte Produktionsverfahren)
_Fehlender Sinn für die ästhetische Wirkung von Formen, Farben und Proportionen
_Unzureichende Stressresistenz
_Mangel an Selbständigkeit
_Mangel an Flexibilität

ARCHITEKTUR/INNENARCHITEKTUR

Die Perspektive sollte stimmen! Wählen Sie ein Thema wie »Treppen« oder »Sitzgelegenheiten«. Zeichnen Sie Ansichten von Innenräumen und/oder Hausfassaden, Straßenansichten. Aber auch Detailansichten sind wichtig.

Stellen Sie die Stofflichkeit verschiedener Objekte dar. Ob Leder, Frottee, Holz, Mörtel, Putz, Steine, Korbgeflechte, Glas oder Metall: Sie sollten es zeichnerisch gut präsentieren.

Skizzieren Sie mit schnellen Strichen und Farbe. Outline-Darstellungen und Mischtechniken sind ebenso wichtig.

TESTEN SIE SICH SELBST, OB DIESE STUDIENRICHTUNG DIE RICHTIGE FÜR SIE IST!

INTERESSEN, DIE SIE MITBRINGEN SOLLTEN, ODER DIE AUF JEDEN FALL VON VORTEIL SIND:

_Neigung zu zeichnerisch-entwerfender Tätigkeit (Kreativität)
_Interesse an Kunst, Kunstgeschichte und Baugeschichte
_Interesse an der Verarbeitung verschiedener Materialien (Metall, Holz, Kunststoff, ...)
_Modellbau
_Farbgestaltung
_Baurecht
_Umweltplanung
_Klimakunde
_Betriebswirtschaft
_Management
_Psychologie

DIESE VORAUSSETZUNGEN SIND NOTWENDIG FÜR DIESEN BERUFSZWEIG:

_Neigung zur planender, organisierender Tätigkeit
_Betriebswirtschaftlich denken und kalkulieren können
_Räumliches Vorstellungsvermögen
_Mathematische Denkfähigkeit
_Gute Geometriekenntnisse
_PC-Kenntnisse
_Präsentationsfähigkeit
_Verhandlungsgeschick
_Überzeugungskraft

DIESE KENNTNISSE SIND WICHTIG FÜR DIE SPÄTERE BERUFSTÄTIGKEIT UND WERDEN TEILWEISE – JE NACH SCHWERPUNKT – IM STUDIUM ERWORBEN:

_CAD-Technik (Grafik-Software)
_Gestaltung/Zeichnen/Malerei
_Darstellende Geometrie
_Vermessungswesen
_Grundlagen der Baukonstruktion
_Gebäudelehre (Maßstabfindung, räumlich-perspektivisches Zeichnen, Proportionen ...)
_Tragwerkslehre (z. B. das Kräftezusammenspiel von Material, Fertigung und Montage)
_Technische Gebäudeausrüstung/Haustechnik (Grundlagen von Heizung, Klima und Lüftung ...)
_Bauchemie, Bauphysik, Baustoffkunde
_Baubetrieb (Baukostenplanung, Bau- und Architektenrecht)
_Baugeschichte, Architekturtheorie
_Kunstgeschichte

VON VORTEIL SIND KENNTNISSE IN:

_CAD
_Baurecht
_Betriebswirtschaft
_Farbgestaltung
_Baugeschichte
_Technisches Zeichnen

NOTWENDIGE FÄHIGKEITEN:

_Gutes bis durchschnittliches visuelles und räumliches Vorstellungsvermögen, (z. B. für das Anfertigen von Skizzen und Zeichnungen perspektivischer Entwürfe)
_Ausgeprägter Sinn für ästhetische Wirkung von Helligkeitsunterschieden, Formen, Farben und Massen
_Gutes zeichnerisches und plastisches Darstellungsvermögen
_Gute Handgeschicklichkeit (Auge-Hand-Koordination)
_Gute Fingergeschicklichkeit
_Mechanisch-technisches Verständnis
_Einfallsreichtum, Ideen
_Kreatives unkonventionelles Denken
_Fähigkeit zum Planen und Organisieren
_Gutes Ausdrucksvermögen (Besprechen von Entwürfen, Präsentieren von Produkten, Beraten von Kunden)

NOTWENDIGE PSYCHISCHE FAKTOREN:

_Planvolle, systematische Arbeitsweise
_Selbständiges Arbeiten (kreative Umsetzung von Vorlagen und eigene Ideen)
_Fähigkeit zur Selbstkritik (Betrachtung der eigenen Arbeiten mit innerer Distanz)
_Kompromissbereitschaft (Realisierungsmöglichkeiten Preis-Leistung)
_Flexibilität (wechselnde Aufgaben und Anforderungen)
_Stressbewältigung (oft Zeitmangel bei Termindruck)
_Belastbarkeit (unter Zeitdruck arbeiten können)
_Einen »Blick für das »Wesentliche« haben
_Neigung zu beratendem Umgang mit Menschen (nicht überreden wollen!)
_Mitarbeiter/Auftragnehmer motivieren, anleiten, führen können
_Fähigkeit zu Teamarbeit
_Toleranz und Geduld
_Kontaktfreude
_Aufgeschlossenheit für Neues
_Sich gerne in neue Themen einarbeiten/ Fachliteratur lesen
_Handwerkliche Fähigkeiten/Spaß am Modellbau
_»Wetterfest« sein

NACHTEILIG SIND:

_Abneigung gegen das Anfertigen von schriftlichen Ausarbeitungen
_Chaotische, unsystematische Arbeitsweise
_Abneigungen gegen technische Fragestellungen (maschinelle, computerunterstützte Produktionsverfahren)
_Abneigung gegen Konstruktion und Technik
_Mangelndes Interesse an Mathematik
_Mangelndes Interesse an Landschaftsgestaltung
_Fehlender Sinn für die ästhetische Wirkung von Formen, Farben und Proportionen.
_Mangel an Selbständigkeit
_Mangel an Flexibilität
_Unzureichende geistige Spannkraft und Ausdauer
_Unzureichende Stressresistenz

Renata Lajewski

Die kreative, künstlerische Arbeit gehörte schon immer zu meinen Lieblingsbeschäftigungen. Das erste »große Werk« war eine Waldlandschaft im Abendlicht auf dem Garagentor meiner Eltern.

Da ich – wie jedes Kind besorgter Eltern – schon früh erahnen konnte, dass man es als freie Künstlerin sehr sehr schwer hat, sein Brot zu verdienen, entschloss ich mich, Kommunikationsdesign an der damaligen Gesamthochschule Essen zu studieren.

Die Zeit bis zur tatsächlichen Anfertigung einer Bewerbungsmappe füllte ich mit vielerlei schöpferischen Aktivitäten. In einer einjährigen Praktikumszeit in einer kleinen Werbeagentur in Rheine konnte ich sehr selbstständig arbeiten und bekam Aufgaben aus allen Bereichen. Vor allem in dieser Zeit wurde der Grundstein für meine Freude an der eigenverantwortlichen, prozessübergreifenden Arbeit gelegt.

Es folgten Auftragsarbeiten für Wandmalereien und Bilder, auch eine zeitweilige Mitarbeit bei der Anfertigung von Skulpturen für Dekorationsarbeiten.

Schon während der Arbeit an meiner eigenen Mappe fasste ich den Entschluss, später – nach meinem eigenen Studium – ein Forum zu schaffen, um angehenden Design-Studenten Austausch, Hilfe und Hilfsmittel anbieten zu können. Denn genau das hatte ich mir während meiner Vorbereitung auf das Aufnahmeverfahren

sehr gewünscht, aber nirgendwo finden können. Lediglich der gelegentliche Austausch mit Freunden, die ein ähnliches Vorhaben hatten wie ich, inspirierte mich und eröffnete mir immer wieder andere wichtige Blickwinkel. Ansonsten war jeder sich selbst überlassen. Nun, ich bestand die Prüfung und wählte später Film, Illustration, Typografie und Fotografie als Schwerpunkte meines Studiums in Essen. Schon während des Studiums begann ich damit, künstlerische und grafische Elemente weiterzuvermitteln, nach dem Studium baute ich diese Initiative immer weiter aus und hängle noch eine Zusatzausbildung im multimedialen Bereich an.

Jetzt leite ich seit nunmehr rund zehn Jahren die eigene Kunstschule in Bocholt. In dem großen, lichtdurchfluteten Atelier kann ich meinen Schülern das anbieten, was mir damals während meiner Mappenzeit fehlte: Anleitung, Austausch, Impulse und ein künstlerisches Forum.

Neben einer Vielzahl weiterer Kursangebote sind die »Mappenschüler« mein absoluter Schwerpunkt geblieben. Sie dort abzuholen, wo sie stehen und sie dann ihrem großen Ziel ein gutes Stück näher zu bringen, empfinde ich nach wie vor als eine sehr spannende Arbeit, die mir sehr große Freude bereitet.

Renata Lajewski
Kunstschule Lajewski

Herzogstraße 24 · 46399 Bocholt · Telefon 02861. 62927 · Mobil 0178. 8477862
www.kunstschle-lajewski.de

EINE KLEINE GEBRAUCHSANWEISUNG

Mit der »Mythos-Reihe« bieten wir angehenden DesignstudentInnen Bücher, die vor allem eine Aufgabe haben: Sie sollen sichere Orientierung geben. Damit unsere Bücher bei Ihnen, liebe Leserinnen und Leser, ihre volle Wirkung entfalten können, möchten wir eine »Lesereihenfolge« empfehlen.

1. Sie befinden sich in der Berufs- und Studiumsfindungsphase und haben das weite Feld der Berufe ins Auge gefasst, die sich mit Design befassen? Dann gibt Ihnen **»Mythos Designer sein«** einen umfassenden Überblick. In sehr persönlichen und informativen Porträts entdecken Sie Arbeitsplätze, die sich deutlich voneinander unterscheiden. Sie unterscheiden sich, weil die Aufgaben unterschiedlich sind, und weil die Rahmenbedingungen der Arbeit unterschiedlich sind. Sie werden vielleicht überrascht sein, welcher Job tatsächlich Ihren Wünschen und Fähigkeiten am ehesten entspricht.

2. Sie haben sich für eine Studienrichtung, sagen wir Kommunikationsdesign, entschieden. Nun beginnt die Suche nach der geeigneten Hochschule. Der Ort spielt hier sicher eine Rolle, die inhaltliche Ausrichtung, aber auch die Ausstattung. Der **»Design Studienführer«** beantwortet jede relevante Frage zum Studienangebot und gibt zudem sehr hilfreiche Tipps rund um Ihr Studium (Abschlüsse, Finanzen, Links und vieles mehr). Sie können so zu einer guten Wahl kommen, die Ihren individuellen Anforderungen entspricht.

3. Sie wissen nun, welcher Studiengang an welcher Hochschule für Sie geeignet ist. Jetzt ist der richtige Zeitpunkt um Ihre Mappe in Angriff zu nehmen. Unsere Buchreihe trägt nicht zufällig das Wort »Mythos« im Titel. Wir räumen mit allen Mythen auf. Wenn Sie Talent und Fleiß mitbringen, werden Ihnen **»Mythos Mappe 2«** und **»Mythos Mappe machen 2«** zuverlässige Begleiter auf dem Weg zu einer Mappe sein, die Ihnen Ihr Wunschstudium ermöglicht.

4. Ergänzend raten wir Ihnen, unbedingt die **Studienberatung der Hochschulen** und der **Berufsinformationszentren der Bundesagentur für Arbeit** zu nutzen, bei möglichen Arbeitgebern zu fragen, welche Fähigkeiten erwartet werden und sich nicht durch Einzelmeinungen z. B. in Internetforen verunsichern zu lassen.

MYTHOS DESIGNER SEIN

»Mythos Designer sein« ist der vierte Band der bewährten »Mythos-Reihe«. In diesem Buch erfahren Schüler und Studenten erstmals und sehr ausführlich, wie die Arbeit von Designern aller Fachrichtungen tatsächlich aussieht, welche Anforderungen zu erfüllen sind und welche Karrierechancen sich bieten. In über 60 Arbeitsplatzporträts kommen Arbeitnehmer und Arbeitgeber ausführlich zu Wort. Adressen, Telefonnummern und Termine bieten Orientierung. »Mythos Designer sein« zeigt die Arbeitswelt der Designer in kleinen und großen Agenturen und in der Wirtschaft, so dass die gezielte Bewerbung um einen Praktikums- oder Arbeitsplatz deutlich vereinfacht wird. **ISBN 978-3937787-17-6**

STUDIENFÜHRER DESIGN

Universität, Kunsthochschule, Fachhochschule oder Akademie? Staatliche oder private Ausbildungsstätte? Hamburg, Potsdam oder München? Kommunikationsdesign oder Produktdesign? Urbanes Umfeld oder ländliche Idylle? Arrivierter Professor oder junger Wilder als Dozent? Wer Design studieren will, sieht sich mit einem in jeder Hinsicht vielfältigen Angebot konfrontiert. Der neue Studienführer aus der bewährten Mythosreihe wurde mit größter Sorgfalt recherchiert und hält neben detaillierten Informationen zu den Studiengängen auch grundlegende Informationen zum Studium und aufschlussreiche Interviews mit den Dozenten der Ausbildungsstätten bereit. **ISBN 978-3-937787-19-0**

ür angehende Design-Studenten

WWW.MYTHOS-MAPPE.DE

hell**blau.**

MYTHOS MAPPE 2

Wer sich für einen Studienplatz im Fachbereich Design bewerben möchte, muss eine individuelle Bewerbungsmappe füllen und mit den darin enthaltenen Arbeiten sein künstlerisch-gestalterisches Talent unter Beweis stellen. An dieser Hürde kommt man nur vorbei, indem man sie nimmt. In der Regel schafft es nur etwa jede/r Zehnte. Besonders begehrt ist deshalb der Blick in die Mappen derjenigen, die es bereits geschafft haben. »Mythos Mappe 2« zeigt rund 2.000 Arbeiten aus 50 erfolgreichen Bewerbungsmappen. Dazu liefern renommierte Professoren, erfahrene Designer und Designstudenten wertvollen Input zum Thema. Ein unverzichtbares Werk für alle, die Design studieren wollen.
ISBN 978-3937787-18-3

MYTHOS EIGNUNGSPRÜFUNG

Eine erfolgreiche Mappe ist in der Regel erst die halbe Miete auf dem Weg zu einem Studienplatz im Fachbereich Design. Wer mit seiner Mappe erfolgreich war, ist dem Ziel zwar ein gutes Stück näher gekommen, doch lauert noch eine weitere große Herausforderung: die anschließende Eignungsprüfung, die oft der eigentliche Gradmesser für die Vergabe der Plätze ist. Für diese Prüfung gibt es keine einheitlichen Standards, weshalb sehr unterschiedliche Anforderungen an die Aspiranten gestellt werden können. Immer jedoch ist sie mit entscheidend über Erfolg oder Misserfolg. **ISBN 978-3898611-52-7**

 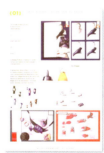 

MYTHOS MAPPE MACHEN 2

Wer eine Bewerbungsmappe erarbeitet, ist in der Regel auf der Suche nach Ideen und fragt sich, ob ein Mappenvorbereitungskurs der geeignete Einstieg ist. Anerkannte Fachleute äußern sich hierzu sehr unterschiedlich, so dass die Entscheidung jeder allein treffen muss. Ein Blick hinter die Kulissen eines Mappenvorbereitungskurses kann diese Entscheidung vereinfachen. Wir begleiten deshalb »Mappenschüler« und dokumentieren ihre individuelle Entwicklung bis hin zum Aufnahmeverfahren, und wir lassen ehemalige Schüler, die inzwischen studieren, einen analytischen Blick zurück werfen. Außerdem gibt die erfahrene Dozentin Renata Lajewski hilfreiche Tipps und zeigt Übungen, die bei der Erarbeitung einer erfolgreichen Mappe helfen können. **ISBN 978-3937787-26-8**

MASTERPIECES

Die besten Diplomarbeiten des Jahres – in Planung!
The final curtain. Das Diplom. Am Ende des Studiums der Lohn für harte Arbeit. Das Diplom gehört gewürdigt. Wir zeigen es. Auch und ganz besonders möglichen Arbeitgebern. »MASTERPIECES« ist eine aktuelle Leistungsschau des Designernachwuchses. Ausstellung und Kontaktbörse inklusive.
Infos demnächst unter www.mythos-mappe.de

BEQUEM, SICHER, SCHNELL UND VERSANDKOSTENFREI.

MYTHOS – Einzelbestellungen: Jeder Titel 38,00 Euro

MYTHOS – Bundlebestellungen mit Preisvorteil:
2 Titel 71,00 Euro (5,00 Euro gespart)
3 Titel 104,00 Euro (10,00 Euro gespart)

DESIGN Studienführer – Einzelbestellung: 19,90 Euro

Der Mythos im Netz unter www.mythos-mappe.de

Blocherer Schule

Grafik Design
Neue Medien
Web Design
Interior Design
Industriedesign

 blocherer schule   089 48 84 24
tassiloplatz 7   blochererschule.de
81541 münchen   info@blochererschule.de

 blochererschule.de